과학잡지 에피
ISSUE 30

과학 속의
꿍꿍이셈

CONTENTS

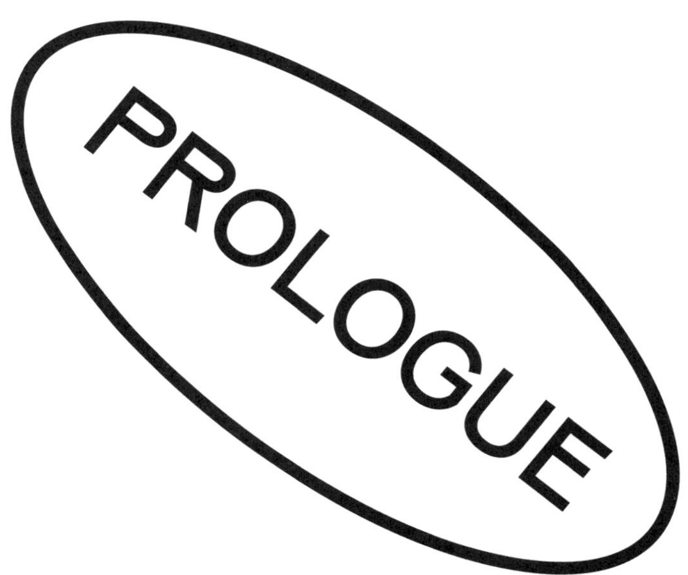

과학 속의 꿍꿍이셈

이두갑
본지 편집위원

콜라를 한 병 마시면 우리는 약 10스푼 정도의 설탕을 섭취하게 된다. 그런데 이 정도 분량은 보통 사람들에게 너무 달아서 먹은 지 10분 안에 구토할 정도라고 한다. 이를 방지하기 위해 코카콜라사는 구토 방지제의 주요 성분인 인산phosphoric acid을 콜라에 첨가했는데, 이로 인해 사람들이 지나치게 많은 당을 섭취하게 만들었다는 비판과 함께 소송을 당하기도 했다. 반면, 코카콜라사는 인산이 콜라 특유의 맛과 향을 증진시키기 위해 첨가되는 것이라며 이러한 비판을 반박했다.

우리 주변에서 손쉽게 구입할 수 있으며, 남녀노소를 막론하고 즐겨 마시는 음료수를 둘러싼 이러한 논란에, 과학은 어떠한 답을 해 줄 수 있는가? 2020년 현재 미국 성인 인구의 73%가 과체중이거나 비만인 가운데, 우리의 생물학과 감정의 취약점들을 악용하여 중독에 이르게 만든다는 비판, 식품 산업에서 설탕과 소금, 지방의 양을 조절하여 가공식품과 음료수에 대한 유혹을 떨치게 없을 수 없게 만들고 있지는 않은가에 대한 비판이 크다. 최근에 미 의회는 메타와 같은 거대 테크 기업들도 신경과학과 심리학을 동원하여 청소년들을 중독과 정신질환으로 이끈다며 이에 대한 조사를 실시하기도 했다. 과연 과학은 이러한 논란을 종식시킬 객관적인 해답을 내놓을 수 있을까? 현대 사회에서 과학지식의 생산 지형도를 살펴보면 과학의 권위와 중립성이 복잡다단한 문제에 대한 해답을 손쉽게 내놓을 것으로 기대할 상황은 아닌 것 같다.

먼저 코카콜라사의 주장을 액면 그대로 받아들이기가 쉽지 않다. 2015년 《뉴욕타임스》는 코카콜라사가 비만 문제를 해결하려면 운동과 신체활동이 가장 중요하다는 메시지를 광범위하게 전파하고자 전 세계 최고 운동과학 전문가들에게 비밀리에 자금을 지원하는 '전세계 에너지 균형 네트워크Global Energy Balance Network, GEBN'를 출범하려 한다고 폭로했다. 정크푸드를 섭취하지 않는 것보다 운동이 더 비만의 해결책이 될 수 있다는 것에 동의하는 전문가들이 거의 없음에도, 코카콜라사는 약 이천만 달러에 달하는 자금을 투입해 운동과학 전문가들의 지식을 동원하여 비만의 과학에 대한 의구심을 키워 자신들의 상업적 이해관계를 관철하려 했던 것이다. 이 폭로로 큰 비판을 받게 된 코카콜라사는 곧 GEBN을 해체하고 운동과학에 대한 지지를 철회했지만, 오랫동안 자사의 제품을 보호해 온 역사의 최근 사례일 따름이었다.

보다 광범위한 차원에서 2020년 미국 직업 안전 및 건강청의 수장이었던 데이비드 마이클스는 『의심의 승리The Triumph of Doubt』라는 책을 통해 인간의 건강과 환경에 위해가 되는 상품을 생산하는 담배회사, 제약회사, 식품기업들이 자신들의 상품을 보호하고, 그 피해에 대한 배상을 회피하기 위해 자신들의 이해관계를 관철할 수 있는 과학적 사실들을 생산하고 있다고 고발했다. 마이클스는 이러한 상품들을 변호하는 매우 큰 리서치 회사들이 수많은 변호사, 과학자, 공학자, 그리고 PR 전문가들을 통해 새로운 사실과 기존 위해에 대한 의구심들을 조장하고, 피해를 입었다고 주장하는 이들에게 과학적 불확실성을 강조하며 반박하는 새로운 법적 프레임워크들을 내놓고 있다고 주장했다.

마이클스는 기업의 이익을 옹호하는 과학을 "나쁜 과학bad science"이라고 지칭한다. 우리는 담배나 환경오염 물질, 부작용이 심했던 의약품들, 그리고 정크푸드를 생산하는 산업들을 위한 과학을 '청부과학mercenary science'으로 평가절하하기 쉽다. 그런데 이러한 과학을 진정한 과학이 아니라고 비판하는 것은 문제를 일부만 바라보는 것이다. 보다 폭넓은 맥락에서 누가, 어떻게, 왜, 이러한 과학을 수행하는지를 살펴볼 필요가 있다. 그리고 이를 통해 우리 사회의 감추어진 지식과 권력, 영향의 관계와 구조nexus를 보다 구체적으로 살펴볼 필요가 있다.

오히려 자신들을 고용하고 있는 특정 기업과 상품을 옹호하기 위한 과학적 사실, 불확실성을 증대하기 위한 연구들, 그리고 법적 책임에서 벗어날 수 있는 법적·과학적 프레임워크를 만드는 것에 대한 윤리적이고 도덕적인 질문을 던질 필요가 있을 것이다. 즉 다른 방법을 제쳐두고 운동을 비만 문제의 해결책으로 정책화하겠다는 야심을 가지고 수행되는 과학은 윤리적인가? 담배나 인스타그램, 틱톡 중독과 오용에 대한 문제를 개인의 의지와 선택의 문제로 축소시키는 신경과학과 중독에 대한 연구는 누구에 의해, 그리고 어떤 의도로 수행되는 연구인 것인가? 이러한 연구에 기반하여 개인의 금연과 절제를 옹호하고 법적 책임과 규제를 회피하려는 산업계의 목소리는 비판받아야 하는 것 아닌가? 이번 에피는 이해관계 관철을 위해 과학이 어떻게 권력의 장에서 새로운 지식을 생산하고 있는지를 살펴보며, 과학/지식/권력의 결합이 영향력을 행사하는 방식에 대한 비판적인 질문을 던지고 있다. EPI

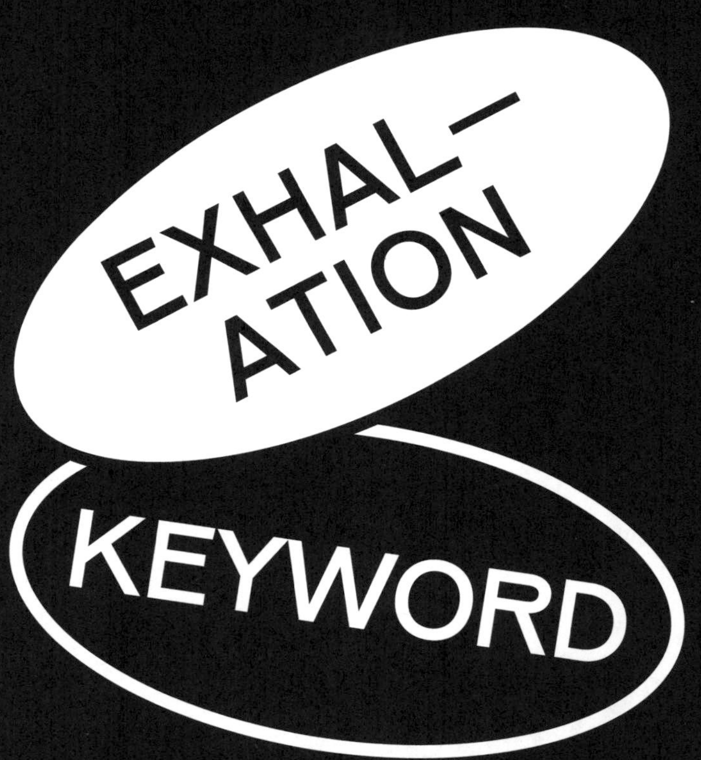

숨

'숨'은 생명이 공기를 들이마시고 내쉬는 과정을 말합니다. '숨'을 통해 산소만이 아니라 영혼도 드나든다고 믿던 시절도 있었습니다. 그래서, 계절마다 중요한 문제를 하나씩 뽑고 그 문제에 대해서 여럿이 함께 답을 구하는 특집의 이름으로 골랐습니다. '숨(Exhalation)'은 같은 제목을 단 테드 창의 소설집에서 따왔습니다.

그것은 거대한 정치적, 사회적, 규범적 수행의 기반이 된 잘못된 과학 결과물이었지만, 이후 '과학'에 의해 객관적으로 결정된 것처럼 표현되었습니다.

『과학에 도전하는 과학』 브뤼노 라투르 외 지음, 홍성욱 외 옮김, p.197. 이음.

앞으로 점차 가속화되어 가고 있는 과학의 상업화로 인해 여러 문제들이 나타날 것이다. 예를 들어 특허 추구와 같은 사적 재산권의 확장이 나타나면서 이들이 과학 연구 내의 자유로운 정보와 물질 교환에 대해, 넓게는 학문의 개방성에 어떤 영향을 미칠 수 있는지, 혹은 임상시험 및 사적 영리 기관에 의한 유전자 특허의 출원 등이 어떻게 질병의 치료와 생명의 존엄성과 관련된 중요한 윤리적 문제들을 제기하고 있는지에 관한 논의들이 바로 그것들의 일부라고 할 수 있다.

이두갑, "지식의 사유화와 첨단 산업의 등장" 중에서.
『아는 것이 돈이다: 지식재산권, 누가 무엇을 소유하는가?』 p.187. 이음.

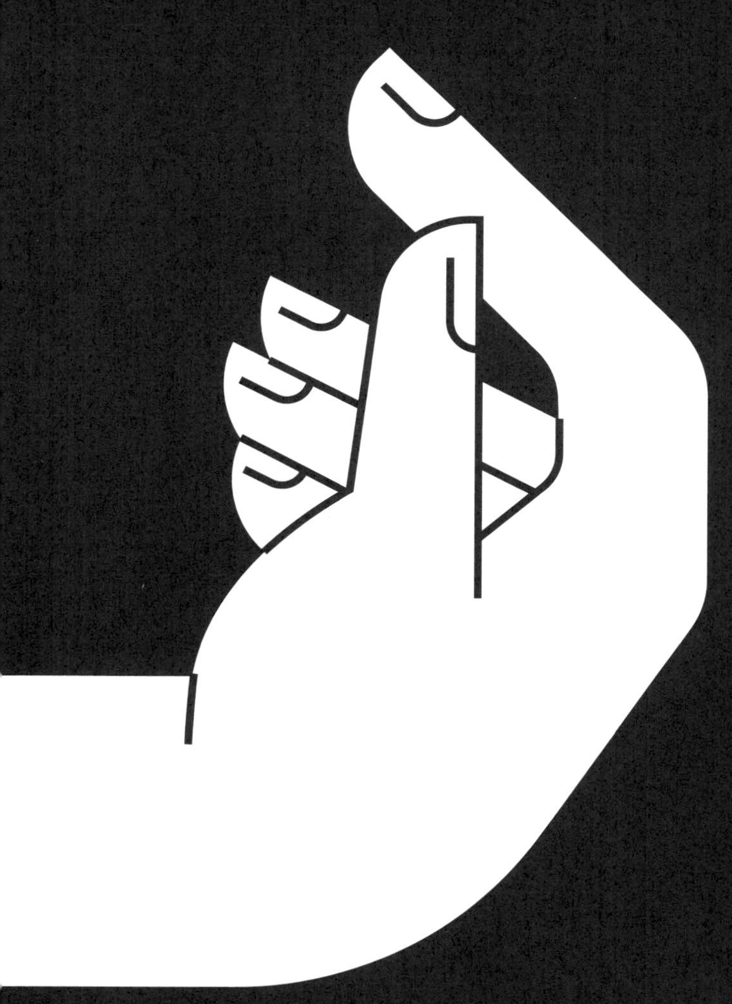

괜찮지 않은 지구 온난화를 괜찮다고 하는 이유

숨
EXHALATION

키워드
KEYWORD

윤신영

본지 편집위원, 얼룩소 에디터. 연세대에서 도시공학과 생명공학을 공부했다. 14년간 과학 기자로 글을 쓰면서 4년간 《과학동아》 편집장을 역임했으며, 생태환경전환잡지 《바람과 물》 편집위원으로도 활동 중이다. 2009년 로드킬에 대한 기사로 미국과학진흥협회 과학언론상, 2020년 대한민국과학기자상을 받았다. 지은 책으로 『사라져 가는 것들의 안부를 묻다』와 『인류의 기원』(공저) 등이 있다.

지구 온난화는 괜찮다는 말

미국 공화당 대통령 후보 도널드 트럼프가 2024년 6월 미국 버지니아주 체서피크에서 열린 전당대회 연설에서 미묘한 말을 했다. 그는 당시 민주당 대선 후보였던 조 바이든을 언급하며 이렇게 말했다. "이 양반(바이든)은 지구 온난화가 미국의 가장 큰 위협이랍디다. 지구 온난화는 괜찮아요Global warming is fine. 오늘은 날이 아주 따뜻하다더군요. 괜찮은 일이죠."

공교롭게도 6월은 지구가 결코 괜찮은 달이 아니었다. 나는 2023년부터 거의 매일 전 지구의 기온과 해수면 온도를 확인하고 그래프를 그리며 비교하고 있다. 세계 여러 기후 연구기관도 데이터를 공개하고 있고, 월별로 분석 자료도 발표하고 있다. 이에 따르면, 지구는 2023년 6월부터 매달 그달의 지구 평균 기온 역대 최고 기록을 경신하는 중이었다. 6월은 13달 연속으로 이 기록을 깬 달이었다. 1년 내내 모든 달 기온이 관측 기록이 존재하는 모든 해의 이전 최고 기록을 경신한 사상 최초의 일이 벌어졌는데(그래프를 보면, 그냥 전 세계 기온이 한 단계를 건너뛴 채 고삐 풀린 듯 치솟은 것처럼 보인다), 그것도 모자라 이전 해에 세운 신기록을 이듬해 다시 경신했다. 기온만이 아니다. 극지를 제외한 전 세계 바다 온도 역시 2023년 4월부터 이어진 해당 월 역대 최고 수온 경신 기록을 15개월째 이어가던 중이었다. 역시 6월은 이 모든 엄청난 기록이 정점에 다다른 달이었다.

역사적이라면 역사적인 달에 "기온이 따뜻하다, 괜찮다"라고 연설한 트럼프는 다소 한가했다. 하지만 그의 이런 말은 단순한 한가로움 이상의 문제가 있다. 그의 '괜찮다'는 긍정과 낙관을 담은 말이 아니다. 의도적인 무시와 조롱을 담은 말이다. '지구는 괜찮고 아무 문제도 없다, 호들갑스러운 염려와 조치는 다 불필요하다'란 뜻이 함축돼 있다. 나아가 '기존의 경제 성장 경로와 산업 발전 경로를 죄책감 없이 마음껏 취해도 된다, 그게 미국에 이익이 된다면 문제없다'란 뜻도 담겨 있다. 위험한 '괜찮다'이다.

과한 해석이 아니다. 그는 이미 한 차례 대통령직을 수행하며 환경과 기후에 대해 일관된 입장을 보였다. 기후변화의 과학을 부정하고, 대처에 필요한 정부의 역할을 거부했다. 기후변화 완화를 위해 국제사회가 펼치는 공동 노력인 신기후체제를 명시한 파리협정에서는 무단 하차했다. 백신을 거부하고 음모론으로 몰고 갔다. 그가 재임 중이었던 2017년 지구의 날(4월 22일) 전 세계 600여 도시에서 개최된 '과학행진'은 트럼프의 기후 위기 부정과 백신 음모론 신봉, 환경 및 과학 연구 예산 축소 등 반과학적 정책이 주요

계기였다. 당시 참석자들은 "(기후) 부정은 정책이 아니다" "과학은 실증적인 것이다" 등의 팻말을 들고 거리로 나왔다.

그 사이에 세월이 흘렀다. 트럼프는 백신을 거부하다 신종 코로나바이러스 감염증(코로나19)에 걸려 죽다 살아났고, 기후변화는 수년 전에 비해 체감할 수 있을 정도로 월등히 심각해졌다. 하지만 기후변화를 무시 내지 부정하는 그의 인식은 변하지 않았다. 증거는 넘친다. 9월 11일, 민주당 대선후보로 새롭게 결정된 카멀라 해리스와 가진 TV 토론회의 마지막 질문은 "기후변화에 대응하기 위해 무엇을 할 것인가?"였다. 이에 대해 트럼프는 "중국에서 자동차 공장을 건설하고 있다. 일부 수입차에 관세를 부과할 것이다"라고 답했다.

언뜻 동문서답 같지만, 유럽 등 일부 지역에서 중국의 전기차 시장 진출이 본격화되는 상황에서 이에 대항해 미국 자동차 시장을 보호하기 위해 관세를 부과할 뜻을 언급한 것으로 추정된다. 기후 위기 극복을 위한 에너지 전환의 핵심 중 하나가 전기화이고, 전기자동차 확대는 그 대표적 주제이므로 아주 동떨어졌다고는 할 수 없다. 하지만 기후변화를 완화하기 위한 대책이나 에너지 전환, 늘어날 기후재난에 대비해 시민을 보호하기 위한 적응 정책 등 더 크고 중요한 주제를 언급하지 않은 채 미국 보수층의 관심사와 잇닿은 특정 산업과 관련한 정책만을 언급했다. 중요한 주제로서 기후변화를 여전히 무시 또는 부정하고 있다고 짐작할 수 있다.

탈탄소에서 다시 화석연료로?

이런 기조는 7월 발표한 미국 공화당 차원의 공약 '미국을 다시 위대하게!'에서도 비슷하다. 5,000단어가 넘는 이 글에는 기후라는 단어가 아예 등장하지 않는다. 반면 석유와 천연가스 등 화석연료 생산에 대한 제한을 풀어 다시 미국을 세계 최대의 석유 및 천연가스 생산국으로 만들겠다는 목표를 밝히는 등 기후 측면에서 오히려 퇴행하는 공약을 공공연히 밝히고 있다. 트럼프 캠프의 표현으로 "사회주의적인" 그린 뉴딜(트럼프 캠프는 '그린 뉴 스캠(신 녹색 사기)'이라고 부른다)은 종식하고, 바이든 정부의 "유해한" 전기자동차 의무화 규제도 철폐할 것이라고도 밝혔다. 바이든은 2032년까지 미국 내 모든 신형 승용차와 경트럭은 전기차 또는 하이브리드차여야 한다고 제동을 걸었다. 이 조치에 대해 트럼프는 미국 자동차산업을 망칠 것이라고 비판하고 있다.

트럼프의 공약에서 그린 뉴딜에 해당하는 미국의 정책이 무엇인지 자세히 꼽고 있지 않다. 하지만 바이든 정부 산업정책의 가장 큰 성과로 꼽히는 2022년 인플레이션

감축법IRA과 청정경쟁법안CCA, 2021년의 일자리 창출 및 기후 위기 대응을 위한 미국 혁신 등을 의식한 것이 거의 확실하다. 이들 정책은 단순히 기후 위기 대응만을 위한 복지성 또는 공공성 정책이 아니다. 녹색 전환이라고 불리는 사회의 탈탄소화 경향에 맞춰 산업 구조를 재편하고 미국 내 관련 산업의 경쟁력을 높이려는 산업정책이다. IRA는 물가 상승을 완화하기 위한 법률로 재정 적자를 감축하는 게 목표지만, 재정 지출의 절대다수(84.4%)인 3,690억 달러(510조 원)를 에너지 안보 및 기후변화 대응을 위해 지출한다. 여기엔 2030년까지 탄소포집이용저장CCUS, 탄소직접포집DAC 등 탄소중립과 관련한 기술을 개발하고, 기업의 전기차 및 배터리 생산, 소비자가 히트펌프 및 전기차 구매 보조금과 세액공제가 포함돼 있다.

CCA 역시 유럽에서 2023년 10월부터 시행 중인 탄소국경조정제도CBAM에 대응하는 제도다. CBAM은 유럽 역내에 수입하는 제품의 탄소배출량에 비용을 청구하는 제도다. 철강과 알루미늄, 비료, 전력, 수소, 시멘트 등 6개 품목을 대상으로 하지만, 점차 대상을 확대할 계획이다. CCA는 이에 대응해 미국 내 기업의 탈탄소 제품 경쟁력을 강화한다. 올해 종이와 시멘트, 철강, 에탄올 등 21개 품목에 대해 시범 적용됐고, 2026년부터 적용 대상을 확대할 예정이다.

이 모든 정책은 미국의 경제 부담을 완화하고 녹색 전환 시대에 필요한 탄소중립 기술의 자국 경쟁력을 높인다. 하지만 공화당은 공약 1장을 “인플레이션을 무력화하고 가격을 빠르게 낮춘다”로 정하고 그 첫 번째 항목에서 “미국 에너지를 해방unleash한다”라고 명시했다. 이때의 에너지는 석유(트럼프 캠프는 이를 ‘액체 금’이라고 부른다), 천연가스, 원자력이다. 바이든 정부하에서 억압받았던 에너지를 트럼프라는 해방군이 해방시킨다는 수사다. 특별히 공약 1번으로 에너지를 언급한 이유는 분명하다. 이들 산업의 이해가 걸린 선거여서다. 트럼프 캠프의 반과학, 반지성은 정치권의 이해관계 대변을 합리화하는 가짜 철학일지 모른다. 잘 작동하고 있는 IRA가 있는데 굳이 인플레이션을 공약 초반에 다시 언급한 것이나, 기존 에너지를 해방시킨다고 표현하는 것이나 모두 마찬가지 맥락이다. 바이든 행정부의 치적을 무시하고 다른 이해를 대변하고자 하는 의도가 읽힌다.

트럼프 정부는 기어코 5년치 시계를 되돌릴 것인가. 시야를 조금 더 넓혀보면 트럼프를 비롯한 미국 보수 우익의 보다 야심 찬 가짜 과학 기획도 발견할 수 있다. 350명 이상의 미국 내 우익이 참여하는 헤리티지 재단의 ‘프로젝트

2025'는 기후과학에 대한 불신과 부정을 가장 적나라하게 드러낸다. 이들은 미국의 대표적 기후, 해양 연구 관측 기구인 NOAA를 해체하고 기능을 다른 기관으로 이관하거나 상업화해야 한다고 주장한다. NOAA는 유럽의 코페르니쿠스 기후변화서비스C3S와 함께 가장 대표적인 기후 관측, 연구 기관이다. 전 세계 대기 및 해양 기후 정보를 관측하고 데이터베이스화하며 연구를 통해 향후 기후의 향방을 가늠하는 역할을 해왔다.

그런데 프로젝트 2025는 NOAA가 축소 내지 해체하고, 한국의 기상청과 비슷한 국가기상서비스NWS를 상업 서비스로 전환하고, 해양 및 대기 연구 기능은 축소해야 한다고 주장한다. 기후재난에 특화된 국가허리케인센터와 기후 데이터를 생산하는 국가환경위성서비스센터는 기후에 대한 특정 입장을 지지하지 않고 '중립적'인 입장을 표현해야 한다고 명시하고 있다. 기관이 특정 입장을 지지하거나 지지하지 않는다는 표현은 매우 기이한데, 보고서 저자들이 기후변화를 정파적 주장으로 이해하고 있음을 보여준다.

현재 트럼프가 이들 그룹과 직접적인 관련이 있는 것은 아니지만 이들의 주장은 보수적 싱크탱크가 기후 문제를 바라보는 시각을 대변해 준다. 그리고 트럼프의 "괜찮다"라는 식의 의도적 무관심과 부정은 이들의 입장에 암묵적

동의로 작용할 가능성도 있다. 트럼프처럼 강력한 정치인이 기후변화를 부정하고 무시하는 것은 지구 관점에서 결코 이롭지 않다. 선거 과정에서 그가 여러 차례 밝혔듯 취임 이후 파리협정 재탈퇴와 화석연료 시추 강화 등을 감행한다면 미국의 탄소배출량이 늘 것은 분명하다. 영국 기후 미디어 《카본 브리프》가 2024년 3월 트럼프 캠프의 공약을 분석한 결과에 따르면, 트럼프가 당선될 경우 2030년까지 미국의 탄소배출량이 40억 톤(이산화탄소환산톤) 더 증가할 것으로 추정됐다. 2021년 기준 한국의 연간 배출량이 6억 7,600만 톤임을 고려하면, 한국 연간 배출량의 6배, 또는 유럽연합 전체와 일본의 연간 배출량을 모두 더한 양이 트럼프 당선으로 인해 증가하는 셈이다. 이는 지난 5년간 미국이 재생에너지를 통해 감축한 탄소량을 모두 상쇄하는 양이기도 해 온실가스 감축 시계를 단숨에 5년 되돌리는 효과다.

부족한 시간, 반전을 기다리며

하지만 이대로 퇴행하기엔 우리에게 남은 시간이 그렇게 많지 않다. 지구 평균 기온 상승 폭을 산업 시대 이전 대비 1.5도 이내로 제한하자는 2015년 파리협정의 목표를 달성하려면 중간 경로로 2050년까지 탄소중립을 달성해야 하는데, 그러려면 2030년까지 각국이 내놓은 국가온실가스감축계획NDC을 철저히 이행해야 한다. 국가별 감축 계획 목표는 각기 다른데, 적극적인 국가는 2030년에

2018년 대비 절반 이상을 줄이겠다고 공언한 상태다. 한국은 2018년 대비 40% 감축하겠다는 목표가 충분치 않다는 국제사회의 비판을 받고 있다. 배출량의 극적인 감축은 아직 어디에서도 일어나지 않고 있다. 더구나 각국의 NDC를 모두 공약대로 이행하더라도 파리협정 달성은 한참 물 건너갔다는 분석이 매년 나오고 있다. 예를 들어 지난해 분석 결과로는 기온 상승 폭이 2.9도에 이를 것으로 나타났다. 이런 상황에서 미국의 '5년 퇴행'이 이루어진다면 결코 작은 변화가 아니다.

물론 트럼프 행정부가 바이든의 정책을 얼마나 뒤집는가에 따라 추정치는 달라진다. IRA 등 기후 관련 법안들이 기후변화 정책임과 동시에 산업정책이며, 이미 다수의 기업이 혜택을 입고 있어 무작정 중지하거나 되돌리기 어려울 것이라는 전망도 있다. 예를 들어 전기차 및 배터리 공장이 건설되는 지역 상당수가 공화당 지지가 높은 곳인데, 이들 지역은 정책의 무효화를 바라지 않을 가능성이 높다. 7월 11일 미 연방정부는 8개 주의 자동차 및 부품 공장에 2조 3,000억 원을 지원하기로 했는데, 《뉴욕타임스》에 따르면 대상 주에는 조지아처럼 공화당 텃밭도 있다. 자국 기업만 혜택을 보는 것은 아니어서 현대 모비스 등 해외 기업도 혜택을 받는데, 해당 지역에 미국인을 위한 일자리가 생기는 효과가 있다. 아무리 트럼프라도, 이런 혜택을 단숨에 백지화하기는 어려울 것이다.

애초에 바이든 정부가 기업이 관여하는 산업정책으로 IRA를 관철시킨 이유도 정권 교체가 일어나더라도 기후변화 관련 정책의 후퇴를 최대한 막고 제도를 중장기적으로 유지시키기 위해서였다는 시각도 있다. 더구나 세계는 미국과 상관없이 이미 보호주의로 돌아선 상태다. 유럽이, 중국이, 미국이 각기 기술과 자원을 무기화하고 자국 내 유치를 최우선으로 하는 상황이다. 기후와 관련이 있다는 이유로 이들만 반대 노선을 타기란 쉽지 않다.

트럼프가 당선되면서 기후 분야의 퇴행은 이제 기정사실로 여겨진다. 다만 기존 정책의 완전한 철회를 포함한 수년 후퇴와 재생에너지와 관련 기술의 반전을 너그럽게 수용하는 전향적 수용 사이의 어디쯤에서 균형점을 찾을 가능성은 있다. 물론 화석연료 개발을 최우선에 둔 이상, 미국의 탄소중립 달성 노력은 정도의 차이만 있을 뿐 크게 훼손될 것이다. 그때가 되면 기후변화를 무시하고 부정한 대통령을 택한 대가를 뼈저리게 느끼겠지만, 돌이킬 수는 없을 것이다. 미국항공우주국 과학자 제임스 핸슨 박사가 미국 의회에서 기후변화가 사실이라고 증언하고, 이튿날 《뉴욕타임스》 1면에 '지구 온난화'라는 말이 증가하는 기온 그래프와 함께 실린 게 1988년이다. 36년이 지났지만, 아직 인류는 이렇다 할 반전의 계기를 만들지 못했다. 반전은커녕, 아직도 부정론, 회의론과 힘겨운 싸움을 하고 있다. 과연 2030년까지 남은 5년 남짓의

시간 동안 반전을 이룰 수 있을까. 회의론의 거추장스러운 방해를 벗어날 수 있을까. EPI

제로칼로리 음료 이면의 네트워크

숨
EXHALATION

키워드
KEYWORD

김종우

연세대학교 사회학과 BK21 연구교수. 문화와 정치 담론, 인권, 커뮤니케이션, 미디어를 연구하고 있다. 뉴스 데이터 마이닝을 통해 한국사회에서 담론이 형성되는 과정과 양상들을 다양한 갈래로 관찰하고 있다.

1. 제로칼로리, 대안 그 이상

최근 거의 대부분의 음료들이 제로칼로리 제품군을 따로 출시하고 있다. 제로칼로리 음료에 관한 보도도 2020년 직후 급격하게 늘어난 이후 비슷한 수준으로 지속되고 있어 많은 사람들의 일상 속에 깊숙이 자리 잡고 있는 것으로 보인다. 한국의 식품위생법에 따르면, 100ml당 열량이 4kcal 미만인 음료는 '무(無)열량zero calorie'으로 표기할 수 있다. 이 정도의 열량은 기초대사량 등을 고려할 때 실질적으로 열량이 없다고 보는 것이다. 제로칼로리 음료가 국내에 본격 소개되기 시작했던 1990년대의 신문 기사에서는 '다이어트 음료'라는 표현을 일반적으로 썼다.

사람들이 제로칼로리 그리고 다이어트 음료를 찾는 이유는 무엇일까? 단지 칼로리가 없기 때문일까? 이런 호기심으로 나는 1990년부터 2024년까지의 '제로칼로리', '다이어트 음료'를 다룬 뉴스 기사를 분석했고, 이 음료를 단순한 식품이 아니라 다양한 행위자들이 얽혀 있는 네트워크로 바라볼 필요가 있음을 발견했다. 제로칼로리 음료는 단순히 건강에 대한 부담 없이 단맛을 즐기려는 대안 식품 이상의 의미를 갖는, 사회의 복잡한 가치와 욕망을 반영하는 사물이었다.

행위자-네트워크 이론Actor-Network Theory, ANT은 브뤼노 라투르Bruno Latour가 제안한 이론으로, 인간만이 아니라 기술, 도구, 제도 등의 비인간도 동등한 행위자로 간주한다. 여기서 사회 현상은 개별적인 것이 아니라 행위자 사이의 복잡한 네트워크로 이해된다. 라투르는 '번역'이라는 개념으로 행위자들이 네트워크 내에서 서로의 이해관계를 조정하며 네트워크를 형성하는 과정을 설명한다.

이 관점에서 제로칼로리 음료 시장의 급성장을 단순히 소비 트렌드의 변화가 아니라, 건강, 의학, 기술의 발전, 그리고 사회적 담론이 얽힌 복잡한 과정으로 읽을 수 있다. 구체적으로 제로칼로리 음료가 어떻게 시장에서 자리 잡을 수 있었는지, 그 과정에서 다양한 행위자들이 어떤 역할을 해왔는지를 살펴볼 수 있다.

2. 제로칼로리 음료: 기술과 인간의 만남

제로칼로리 음료의 기저에는 인공감미료라는 기술이 있다. 20세기 초반부터 발전해온 인공감미료는 효율적으로 설탕을 대체하려는 자본의 욕망을 실현하기 위해 기업과 과학이 협업한 결과물이다. 특히, 소비자들이 원했던 '설탕의 달콤함'을 유지하면서도 유해하지 않은 대체재를 찾기 위한 연구는 꾸준히 이어져 왔다. 사카린, 아스파탐, 수크랄로스 등 다양한 감미료들이 개발되었고, 그 위해성을 둘러싼 논란은 현재진행형이다. 그럼에도 인공감미료는 더 저렴하고 강한 단맛을 요구하는 시장과 단맛을 내면서도 칼로리는 거의 없는 대체당을 요구하는 사회와 맞물리며 발전해왔다.

인공감미료는 특정 분자구조를 통해 미각 수용체와 결합하여 단맛을 느끼게 한다. 이러한 기술은 단순한 화학적 발견에서 출발해, 인체 내에서의 반응과 대사과정을 고려한 복합적인 연구와 발전을 거쳐왔다. 혈당 관리가 현대인의 대사질환과 밀접한 연관성이 있음이 알려진 배경에서 칼로리에 대한 부담을 덜면서 단맛을 섭취할 수 있다는 것이 건강 혹은 '체중관리'에 관심이 많은 사람들에게 매력적인 소구점이 되었다.

1990년부터 현재까지의 제로칼로리 음료에 대한 신문 기사 약 1만 건을 분석1)해보니, 초기에는 단순히 칼로리 감소에 초점이 맞춰져 있었지만, 최근 들어 건강, 의학(특히 혈당, 당뇨), 다이어트 관련 토픽의 비율이 늘어나고, 새로운 행위자들이 등장하면서 기술, 사회, 행위자의 네트워크가 점점 복잡해지는 양상이 두드러지게 나타났다(그림 및 표 참조). 이러한 변화는 기술적 발전뿐 아니라, 기업, 의료계와 소비자 사이의 상호작용, 그리고 그에 따른 건강 담론 변화로 볼 수 있다.

3. 제로칼로리 음료를 둘러싼 다양한 행위자들

소비자, 단순한 구매자에서 적극적 참여자로

소비자에게 제로칼로리 음료는 자신의 건강과 삶의 질을 적극적으로 관리하는 의미로 볼 수 있다. 분석 결과, 과거에는 '다이어트'라는 키워드가 주를 이루었지만, 최근에는 '건강' 관련 관심사가 크게 증가한 것으로 나타났다. 이는 소비자들이 단순히 체중 감소를 목표로 하는 것이 아니라, 장기적인 건강 유지를 중시하게 되었음을 보여준다. 매체가 다변화하는 가운데 소비자들은 제품의 성분, 원산지, 제조 과정까지 더 세심하게 고려하며 결정을 내리고 있다. 시장에서의 정보와 더 밀도 있게 상호작용할 수 있게 된 것이다. 이는 소비자들이 제로칼로리 음료를 단순한 기호 식품이 아닌, 자신의 건강 관리를 위한 선택지로 인식하고 있음을 보여준다. 미디어 데이터를 분석한 내용 중 건강과 혈당 등에 관한 키워드가 비교적 최근에 급증하는 트렌드는 이러한 경향을 뒷받침한다.

기업, 제품 개발자에서 트렌드 선도자로

기업은 제로칼로리 음료의 개발과 마케팅 핵심 행위자이다. 분석 결과, 초기에 다이어트 음료, 무가당 제품이라는 컨셉에 집중했던 기업은 최근 건강과 삶의 질 등의 새로운 트렌드를 지향하고 있는 것으로 나타났다. 제로칼로리 음료에 기능성 성분을 추가하거나 맛과 건강 모두를 만족시킨다는 점 등을 통해 건강 관리를 위한 대체재로서 제로칼로리 식품을 적극적으로 어필하고 있다. 행위자-네트워크 이론의 관점에서 기업은 소비자, 규제기관, 과학자 등과의 상호작용을 통해 제로칼로리 음료의 의미를 재구성하고 있다. 이는 단순히 제품을 판매하는 행위를 넘어, 사회적 가치와 담론을 주도하는 중요한 행위자로서 활동하고 있다.

전문가와 규제기관, 과학과 정책의 상호작용

정부 규제기관 등 공공 행정 영역도 제로칼로리 음료의 성장에 중요한 영향을 미친 행위자다. 이들은 법률, 정책 등 제도적 장치를 통해 직접적인 영향을 행사한다. 전문가들은 제로칼로리 음료의 안전성과 효능을 평가하며, 이를 기반으로 규제기관은 적절한 가이드라인과 법규를 마련한다. 이는 소비자들이 안심하고 제품을 소비할 수 있도록 돕는다. 또한, 규제기관의 정책은 상품이 시장에 진입할 수 있는지 여부를 가르기 때문에 기업의 제품 개발 방향에도 큰 영향을 미치며, 음료의 품질과 안전성을 보장하는 중요한 요소로 작용한다. 과학적 지식을 규제와 정책으로 구체화하는 전문가와 규제기관은 제로칼로리 음료가 사회적 정당성을 확보하는 '번역' 과정에서 핵심적인 역할을 하는 중요한 행위자들이다.

4. 제로칼로리 음료와 사회문화적 네트워크

소셜미디어, 새로운 영향력 있는 행위자

소셜미디어는 제로칼로리 음료의 소비와 관련해 가장 최근에 등장한 강력한 행위자다. 분석 결과에서도 제로칼로리 음료에 대한 소비자의 인식과 행동에 소셜미디어가 영향을 미칠 가능성이 큰 것으로 나타났다. 소셜미디어는 소비자들 간의 정보 공유와 의견 형성을 도와주며, 새로운 제품에 대한 리뷰와 추천뿐만 아니라, 건강과 다이어트 정보 유통 경로로 작동하며 소비 패턴에 영향을 미칠 수 있다. 이제 기업들은 소셜미디어를 중요한 마케팅 요소로 활용하며 소비자와 직접 소통하고, 제품의 가치를 전달하며, 소비자들의 반응을 실시간으로 모니터링하고 있다. 소셜미디어는 인간 행위자와 비인간 행위자(알고리즘, 플랫폼 등)가 결합하여 제로칼로리 음료의 담론을 형성하는 네트워크에서 중요한 결점node이자 연결 통로edge이다.

다이어트 문화, 집단적 실천의 네트워크

그렇다면 최근 제로칼로리 음료가 급부상하게 된 핵심적 요인은 무엇일까. 바로 건강이다. 제로칼로리 음료는 초기부터 다이어트 문화와 깊은 관련이 있었다. 분석 결과에서 '다이어트' 관련 토픽이 초기부터 현재까지

지속적으로 유지되는데, 이는 제로칼로리 음료가 체중 조절을 위시한 건강을 추구하는 맥락에서 소비되고 있음을 시사한다. 칼로리 섭취를 줄이고 건강한 라이프스타일을 추구하는 사람들이 늘어나면서 제로칼로리 음료의 수요도 계속해서 증가하고 있다. 다이어트 문화는 인간 행위자(소비자, 전문가)와 비인간 행위자(제로칼로리 음료, 미디어 콘텐츠 등)가 결합된 네트워크에서 제로칼로리 음료는 다이어트라는 사회적 실천의 중요한 행위자로 자리매김하고 있다. 이는 개인적 실천이 집단적 실천으로 확산되는 과정을 보여준다.

글로벌-로컬 네트워크, 문화적 번역의 과정

글로벌 브랜드와 로컬 브랜드가 서로 영향을 주고받는 문화적 번역의 과정도 이루어진다. 글로벌 브랜드는 전 세계적으로 통일된 이미지를 유지하면서도, 각 지역의 소비자들에게 맞춘 로컬 마케팅 전략을 사용한다. 반면 로컬 브랜드는 해당 지역의 특성을 부각한 이미지를 통해 글로벌 브랜드와 차별화된 가치를 제공한다. 이러한 글로벌-로컬 네트워크는 제로칼로리 음료가 각 지역의 문화적 요구를 반영하여 성공적으로 자리 잡을 수 있도록 돕고 있다. 글로벌과 로컬 브랜드는 상호 번역 과정을 통해 서로 영향을 주고받는다. 글로벌 브랜드는 로컬 시장에 진입하기 위해 해당 지역의 문화적 특성을 이해하고 반영하며, 로컬 브랜드는 글로벌 트렌드를 수용하거나 이에 대응하는 방식으로 발전한다. 이러한 문화적 번역 과정은 제로칼로리 음료가 각기 다른 문화적 맥락 속에서 다양한 의미를 가지도록 한다.

건강 담론의 변화, 행위자들 간의 지속적인 협상

건강에 대한 관심은 언제나 컸을까? 제로칼로리 음료를 둘러싼 건강 담론은 소비자, 기업, 전문가가 지속적으로 협상한 결과물로 볼 수 있다. 체중조절에서 건강 전반으로 확장된 건강 담론의 변화는 소비자들이 제로칼로리 음료를 건강을 위한 선택으로 인식하게 만들어 일종의 상승 작용을 통해 제로칼로리 음료 시장 확대에 중요한 역할을 하는 것으로 보인다. 건강 담론은 다양한 행위자들이 협력하고 갈등하는 네트워크로 형성된다. 기업은 제품에 건강한 이미지를 부여하기 위해 과학적 데이터를 활용하고, 전문가들은 이를 검증하며, 소비자들은 이를 수용하거나 거부하는 과정에서 담론이 형성된다. 이와 같은 협상 과정은 제로칼로리 음료의 사회적 위치를 결정짓는 중요한 요소로 작용한다.

5. 제로칼로리 음료를 둘러싼 논쟁, 과학(혹은 유사과학), 미디어, 소비자의 삼각 네트워크

유사과학과 제로칼로리 음료의 논란

제로칼로리 음료의 안전성은 항상 논란의 대상이었다. 인공감미료의 안전성과 효능을 다룬 다양한 연구가 발표되었지만, 그 결과가 상반된 경우가 있기에 미디어를 통해 보도되는 제로칼로리 음료에 대한 '과학적 사실'은 그 자체로 담론적 투쟁의 영역이 된다. 일부 연구는 인공감미료의 유해성을 주장하며 암 발생 가능성이나 대사질환과의 연관성을 강조하는 반면, 또 다른 연구는 이러한 주장에 대해 과학적 근거가 부족하다고 반박한다. 이처럼 상충되는 정보는 소비자들로 하여금 어떤 정보를 신뢰해야 할지 혼란스럽게 만든다. 한편 과학적 방법에 근거한 연구가 충분하지 않거나 과장된 정보 등 유사과학pseudoscience에 의해 담론이 왜곡되는 경우도 있다. 이런 담론은 미디어를 통해 자극적인 헤드라인이나 특정 결과만을 부각시키거나 과장하는 방식으로 소비자의 불안을 조장한다. 이는 제로칼로리 음료에 대한 소비자들의 부정적 인식을 심화시키고 신뢰를 저해하는 결과를 초래한다.

'과학적 사실'과는 별개로, 안전성에 대한 논란 그 자체는 제로칼로리 음료에 담론적 갈등이라는 속성을 부여한다.

일종의 꼬리표인 셈이다. 담론적 갈등은 소비자들로 하여금 제품 선택 시 더 많은 정보를 찾게 만들어 기업들이 제품의 안전성을 보장하고, 신뢰를 쌓기 위해 노력하도록 만든다. 안전성 논란은 과학자, 미디어, 소비자 간의 상호작용을 통해 형성된 네트워크이다.

예를 들어, 유사과학적 정보는 소비자, 미디어, 기업 간의 상호작용을 통해 네트워크 내의 갈등을 조장하고, 이에 따라 각 행위자들이 취하는 행동에도 영향을 미친다. 소비자들은 불확실성 속에서 안전한 선택을 하기 위해 더욱 많은 정보를 요구하고, 기업들은 이러한 요구에 대응하기 위해 과학적 근거를 강화하고, 제품의 안전성을 강조한다. 이 네트워크 속에서 인공감미료의 안전성에 대한 담론은 지속적으로 협상되고 변형되며, 다양한 행위자들이 자신의 이해관계를 반영하여 이 담론을 재구성한다. 이는 제로칼로리 음료의 안전성에 대한 사회적 수용을 결정짓는 중요한 과정이다.

새로운 동맹, 건강과 기능성의 융합

제로칼로리 음료의 다음 트렌드는 무엇일까. 다이어트를 위한 대체 식품을 넘어 원래의 맛과 기능적 가치를 제공하는, 건강과 기능성이 서로 동맹을 맺는 방향을 향하고 있다. 소비자들은 이제 기존의 음료 취향을 유지하면서 건강에도 나쁘지 않다는 점에서 제로칼로리 음료의 기능성을 주목하고 있다. 기업은 과학자들과 협력하여 기능성 성분을 개발하고, 소비자들은 이러한 제품을 선택함으로써 네트워크를 강화한다. 이러한 동맹은 제로칼로리 음료의 사회적 의미를 확장하고, 이를 통해 새로운 시장 가치를 창출하게 한다.

6. 나가며: 복잡한 네트워크 속 우리의 선택

제로칼로리 음료를 둘러싼 네트워크는 매우 복잡하고 역동적이다. 제로칼로리 음료가 단순한 식품이 아니라 다양한 행위자들이 얽힌 네트워크임을 이해한다면, 우리가 이러한 네트워크의 일부로서 제로칼로리 음료가 소비되고 발전하는 방향에 영향을 미치고 있음을 알 수 있다. 제로칼로리 음료는 단순한 유행을 넘어서, 과학적 발전, 사회적 요구, 그리고 다양한 행위자들의 협력과 갈등 속에서 진화해 왔다. 특히 유사과학과 관련된 논란과 안전성 문제는 제로칼로리 음료의 네트워크에 지속적인 갈등 요소로 작용하고 있다. 과학적 근거의 불충분함과 상충하는 정보는 소비자들로 하여금 혼란을 초래하고, 미디어를 통해 과장된 정보는 불필요한 불안을 조장하기도 한다. 이러한 상황 속에서 우리는 과학적 정보에 대한 비판적 수용과 신중한 선택이 필요하다.

ANT의 관점에서 우리는 네트워크의 한 부분으로서 제품과 상호작용하며, 그 의미를 재구성하는 행위자다. 우리의 선택은 단순한 소비 행위를 넘어, 제로칼로리 음료의 사회적 의미와 가치를 형성하는 데 중요한 역할을 한다. 지금 마시는 한 잔의 제로칼로리 음료에 담긴 다양한 행위자들 간의 관계를 인식한다면 건강을 위한 대체 식품으로 출발해 본연의 맛을 만들어가는 제로칼로리 음료의 맥락을 더 풍부하게 이해할 수 있을 것이다. EPI

〈부록 1〉 제로칼로리 음료 관련 미디어 데이터의 주요 어휘 네트워크

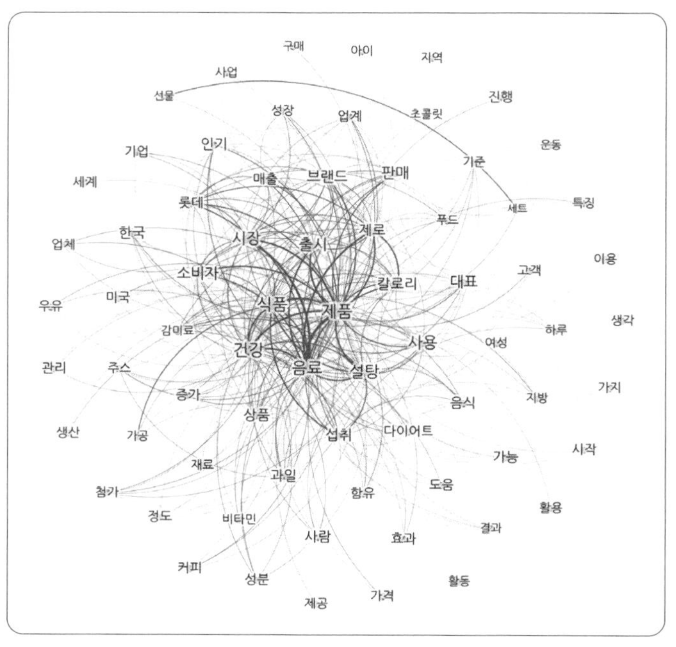

〈부록 2〉 토픽모델 결과(토픽별 주제와 주요 내용)

항목 번호	주제	주요 내용
1	구강 건강 및 치과 관련 문제	토픽1은 '구강 건강 및 치과 관련 문제'로, 주요 단어에는 '치아', '구강', '증상', '건조' 등이 포함되었다. 특히 FREX 점수가 높은 단어들인 '구강건조증', '입냄새', '구취', '잇몸', '침샘' 등을 통해 구강 질환과 관련된 의학적 내용이 주를 이루는 것으로 분석되었다.
2	과일 및 베이커리 제품	토픽2는 '과일 및 베이커리 제품'으로, '주스', '과일', '초콜릿', '식빵' 등이 높은 빈도로 출현했다. FREX와 Lift 점수에서 '선물세트', '블루베리', '스트로베리', '아로니아' 등이 특징적으로 나타나 건강기능성식품, 건강보조식품 등이 강조되는 것으로 파악되었다.
3	건강 기능성 음료 및 제품	토픽3은 '건강 기능성 음료 및 제품'으로, '매일유업', '정관장', '한국야쿠르트'와 같은 주요 제조사들이 FREX 점수에서 두드러졌다. '홍삼', '비타민', '로스팅', '에스프레소' 등의 단어를 통해 기능성 음료와 커피 제품이 주요 품목임을 알 수 있다.
4	다이어트 및 건강식품	토픽4는 '다이어트 및 건강식품'으로, '그릭요거트', '단백질', '혈당', '당뇨병' 등이 주요 단어로 나타났다. FREX 점수에서 'PD', '이영돈', '예정화' 등의 단어가 높게 나타나 방송 매체와 관련된 내용이 포함되어 있는 것으로 보인다.
5	음료 시장 및 트렌드	토픽5는 '음료 시장 및 트렌드'로, '제로', '칼로리', '매출', '탄산음료' 등이 핵심 단어였다. FREX 점수에서 '롯데칠성음료', '코카콜라', '하이트진로음료'와 같은 주요 기업명이 도출되어 시장 동향과 기업 활동이 중점적으로 나타났다.
6	금연 및 흡연 관련 이슈	토픽6은 '금연 및 흡연 관련 이슈'로, '금연', '담배', '니코틴' 등이 주요 단어였다. FREX 점수에서 '후보', '공약', '보건소' 등이 특징적으로 나타나 제로 음료와 직접적 연관이 없는 경우에도 보건의료 정책 관련 보도와 함께 다루어지는 경향도 있음을 파악하였다.

항목 번호	주제	주요 내용
7	인공감미료 및 식품첨가물	토픽7은 '인공감미료 및 식품첨가물'로, '아스파탐', 'IARC', '세계보건기구' 등이 높은 FREX 점수를 보였다. 특히 '발암', '위험', '분류' 등의 단어를 통해 인공 감미료의 안전성 관련 논의가 중심이 되는 것으로 파악되었다.
8	마케팅 및 홍보 활동	토픽 8은 '마케팅 및 홍보 활동'으로, '이벤트', '할인', '광고' 등이 주요 단어였다. FREX 점수에서 '인스타그램', '라이브', '댓글' 등 SNS 등을 활용한 온라인 마케팅 수단이 특징적으로 나타났다.

1 나는 한국언론진흥재단의 뉴스 아카이브인 'KINDS'에서 104개 언론사에서 보도된 기사를 수집했다. 기사는 '제로칼로리', '다이어트 음료' 등의 검색어를 사용해 수집하였으며, 1990년부터 2024년 9월까지 총 10,012건의 관련 기사를 확보했다.

이렇게 수집한 방대한 양의 기사를 분석하기 위해 두 가지 텍스트 분석 기법을 활용했다. 첫째는 '구조화 토픽 모델링'이라는 방법으로, 대량의 기사에 포함된 주제를 자동으로 분류하고 시간에 따른 변화를 추적할 수 있다.

둘째로 '의미연결망 분석'을 실시했다. 이는 기사에 자주 등장하는 단어들이 서로 어떻게 연결되어 있는지 지도를 그리듯 시각화하는 방법이다. 예를 들어 '제로칼로리'라는 단어가 '건강', '다이어트', '당류' 등의 단어와 얼마나 자주, 어떤 맥락에서 함께 사용되었는지 한눈에 파악할 수 있다.

이러한 기법들을 통해 제로칼로리 음료에 대한 언론 보도의 전체적인 지형도를 그려낼 수 있었다. 특히 시간의 흐름에 따라 보도의 초점이 어떻게 변화했는지, 그리고 이 음료를 둘러싼 다양한 이슈들이 어떻게 연결되어 있는지 종합적으로 이해할 수 있었다.

비타민D 결핍, 정말 대유행인가? — 권장섭취량 개념 정의의 오류와 개정 필요성[1)]

숨
EXHALATION

키워드
KEYWORD

명승권

가정의학과 전문의, 국립암센터국제암대학원대학교 대학원장. 메타분석과 근거중심의학의 전문가로서 비타민보충제 등 건강기능식품과 건강, 암 예방, 금연 등을 연구하며 의학 및 보건 분야의 SCIE 국제학술지 등에 110여 편의 논문을 출판했다. 저서로 『비타민제 먼저 끊으셔야겠습니다』, 『어머니, 지금 영양제 끊어도 잘 자랍니다』, 『암과 음식』, 『가정의학과 의사는 어때?』 등이 있으며, 유튜브 채널 〈명승권TV〉를 통해 근거중심의학에 기반한 올바른 의학 및 건강 상식을 전달하고 있다.

비타민에 관한 두 가지 사례와 질문

2021년, 영양 관련 국제학술지인 《Critical Reviews in Food Science and Nutrition》에 국가별 일일 비타민C 권장섭취량Recommended Dietary Allowance, RDA을 정리한 논문이 게재됐다. 프랑스는 110mg, 일본은 100mg, 미국은 남성 90mg, 여성 75mg이다. 그런데, 영국과 인도의 권장섭취량은 앞서 언급한 나라보다 훨씬 적은 40mg이다. 우리나라는 2020년 보건복지부와 한국영양학회가 발간한 한국인 영양소 섭취기준으로, 일본과 마찬가지로 하루 100mg이다. 권장섭취량의 개념과 정의가 무엇이길래 나라마다 약 3배까지 차이가 나는 것인가?

수년 전부터 우리나라 사람들이 비타민D 결핍한 경우가 많다는 기사가 눈에 띄게 증가했다. 2018년 어느 신문 기사는 잠이 부족한 여성의 비타민D 혈중 농도가 낮았다는 연구 결과를 인용하면서, 혈중 비타민 농도 20ng/mL를 기준으로 우리나라 여성의 70%가 비타민D 결핍 상태라고 보도했다. 다른 신문 기사는 한 학술대회에서 어느 교수가 비타민D 혈중 농도를 30ng/mL 이상으로 유지해야 부갑상샘호르몬의 과도한 분비를 막아 뼈세포 파괴를 막는다고 말했다면서, 이를 기준으로 하면 성인 남성의 약 87%, 여성의 약 93%가 비타민D가 부족하다고 보도했다. 과연, 우리나라 성인 대다수의 비타민D가 부족하다는 것이 사실일까?

비타민D에 대한 이해

지용성 비타민의 일종인 비타민D는 장으로부터 칼슘과 인의 흡수를 촉진하고, 신장에서 칼슘의 재흡수를 증가시켜 혈중 칼슘 및 인의 적정 혈중 농도를 유지한다. 뼈를 굳고 단단하게 만드는 무기질화를 통해 뼈 건강에 중요한 역할을 하며, 면역체계 조절에도 중요한 역할을 하는 것으로 알려져 있다. 비타민D가 부족하거나 결핍되면 골다공증이나 골연화증을 초래해 골절이나 낙상의 위험성이 높아지고, 자가면역질환의 위험성도 높아지게 된다.

비타민D의 적정 섭취량, 즉 하루 권장섭취량은 나라마다 전문학회나 기관마다 다르다. 예를 들면, 성인의 비타민D 하루 권장섭취량은 영국과 우리나라는 400IU(아이유, 단위)이며, 미국과 캐나다는 이보다 많은 600IU이다. 또한, 비타민D의 적정 혈중 농도 역시 미국의 의학한림원에서는 20ng/mL인 반면, 미국의 내분비학회와 우리나라 많은 병의원은 이보다 높은 30ng/mL로 정하고 있다. 이 기준에 따르면 앞서 언급한 대로 우리나라 사람들의 적어도 75%에서 90% 이상이 비타민D 결핍 혹은 부족한 것으로 판정이 된다.

정말 비타민D는 부족한 걸까?

2022년 4월 건강보험심사평가원의 보고에 따르면, 국내 비타민D 결핍 환자는 2017년 86,285명에서 2021년 247,077명으로 4년 동안 약 3배가 증가했고, 전체 영양결핍 진료환자 중 약 74%를 차지했다. 무슨 일이 있었길래 4년 동안 3배로 증가한 것일까?

최근 연구결과에서도 비타민D 혈중 농도를 20ng/mL를 기준으로 이보다 낮은 경우를 결핍으로 했을 때, 우리나라뿐만 아니라 남아시아인의 68%(BMC Public Health, 2021), 유럽인의 40%(Am J Clin Nutr, 2015)가 비타민D 결핍으로 보고되고 있다. 우리나라는 2014년 국민건강영양조사에서 남성의 약 75%, 여성의 약 83%가 비타민D 결핍이었다. 대부분의 병의원에서 정상 혈중 비타민D 농도를 30ng/mL로 기준을 삼고 있는데 이 기준으로 보면 우리나라 남성의 약 83%, 여성은 88%가 비타민D 결핍이다. 우리나라뿐만 아니라 전 세계적으로 비타민D 결핍이 대유행하는 것처럼 보인다. 정말 사실일까?

실제로 우리나라 병의원을 방문하면 비타민D 검사를 적극적으로 권장하는 경우가 많고, 검사받은 사람의 대다수가 혈중 비타민D 농도가 30ng/mL보다 낮게 나와 비타민D 결핍으로 진단받고, 비타민D 주사나 경구 처방을 받게 된다. 비타민D 결핍은 정말 전 세계적으로 대유행하고 있는 게 사실일까? 그래서 일반인을 대상으로 비타민D 선별검사가 필요할까?

하버드 의대 조안 맨슨 교수의 문제제기

2022년 7월, 의학 분야 최고 학술지 중의 하나인 미국 《뉴잉글랜드 저널 오브 메디신NEJM》에 50세 이상의 중년 2만 5천명을 대상으로 비타민D 보충제의 골절 예방에 대한 대규모 임상시험 논문이 발표됐다. 평균 5년 이상 추적 관찰한 결과, 비타민D 보충제를 먹은 사람이나 먹지 않은 사람이나 골절 빈도에 차이가 없었다. 즉, 우리가 당연하게 생각해왔던 비타민D가 골절 예방에 도움이 되지 않는다는 것이었다.

이 임상시험의 책임자 중 한 명인 하버드 의대 및 보건대학원 역학교실의 조안 맨슨JoAnn Manson 교수는 2016년에 같은 학술지에 "비타민D 결핍 – 정말 대유행인가?"라는 제목의 3페이지짜리 기고문을 발표했다. 미국의학한림원의 비타민D 적정 섭취량 및 적정 혈중 농도 지침을 마련하는 데 참여한 위원이기도 한 그는 이 기고문에서 최근 수십 년 동안 전 세계적으로 비타민D 결핍이 대유행하는 것처럼 보이지만 이는 사실이 아니며,

특정 영양소에 대한 권장섭취량을 결핍의 기준으로 잘못 삼았기 때문이라고 주장했다.

〈그림1〉은 영양소 권장량에 관한 대표적 지표인 평균필요량과 권장섭취량이다. 평균필요량은 건강한 사람 기준 하루 영양소 필요량의 중앙값(50%)을 말한다. 권장섭취량은 평균필요량에 표준편차 2배를 더해 산출한 값으로, 건강한 사람의 97.5%에 해당하는 사람들이 필요로 하는 영양소 섭취량으로 정의했다.

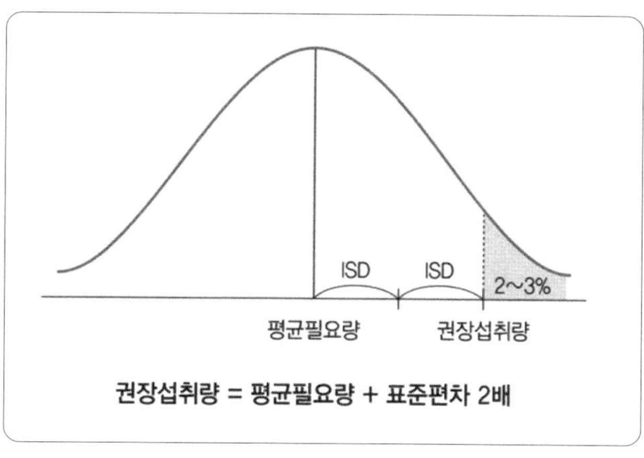

그림1. 평균필요량과 권장섭취량

미국인의 비타민D 하루 평균필요량은 400IU로, 이에 상응하는 혈중 비타민D 농도는 16ng/mL이다. 맨슨 박사는 비타민D의 평균필요량에 해당하는 혈중 농도면 건강을 유지하기에 충분한데도, 이보다 높은 권장섭취량 600IU에 상응하는 혈중 농도인 20ng/mL 이하를 비타민D 결핍이나 부족으로 정의하는 것은 잘못됐다고 지적했다. 미국의학한림원이 제시한 영양소 섭취량의 목표는 권장섭취량이 아니라 평균필요량이었는데, 최근까지 발표된 영양 및 의학 분야의 연구논문 대부분이 특정 영양소의 부족 혹은 결핍을 판단하는 기준을 권장섭취량으로 잘못 사용하면서 대다수(97.5%)의 건강한 사람들을 비타민D 결핍이나 부족으로 잘못 분류하게 됐고, 급기야 비타민D 결핍의 대유행이 출현하게 된 것이라는게 맨슨 교수의 주장이다.

근본적인 문제는 권장섭취량의 잘못된 개념과 정의!

나는 맨슨 교수의 주장에서 한 걸음 더 나아가, 이른바 '비타민D 결핍 대유행'의 근본적인 문제가 권장섭취량의 개념과 정의의 심각한 오류에 있다는 점을 주장한다. 권장섭취량이 처음 만들어지게 된 것은 지금으로부터 80여 년 전인 제2차 세계대전으로 거슬러 올라간다. 당시 영양결핍은 매우 흔해 미국의 군 징집병 중 25%가 현재 혹은 과거 영양결핍자였다. 그래서, 1940년에 미국 국방자문위원회는 미국국립과학한림원 국립연구평의회에 국방 관련 영양에 대한 자문을 요청했다. 평의회 산하 음식영양위원회는 군인뿐만 아니라 당시 미국의 일반대중에게도 적용되는 주요 영양소의 권장섭취량을 1941년에 만들고, 제1판을 학술지 《영양리뷰Nutrition Reviews》에 1943년에 발표했다.

이때 만들어진 권장섭취량의 개념과 정의는 논문에 명확하게 서술되어 있지 않다. 논문에서는 실험적 연구와 동물연구뿐만 아니라 사람을 대상으로 한 임상 연구도 불충분하기 때문에, 전국 50여 명의 영양관련 전문가들로부터 의견을 수렴해 주요 영양소별 권장섭취량을 정했다고 한다. 즉, 권장섭취량은 의학적으로 타당한 연구 결과가 아니라 전문가들의 '합의'에 의해 만들어진 근거가 불충분한 자료인 것이다.

그 뒤로 지금까지 권장섭취량이 여러 차례 개정되어 왔다. 1974년도 권장섭취량 8판에서는 '실제적으로 모든 건강한 사람들의 영양필요량을 충족시키는데 적절한 필수영양소의 섭취량'을 '권장섭취량'으로 정의했다. 1989년도 10판에서는 그림3과 같이 평균필요량에 2표준편차를 더한 값을 권장섭취량으로 정의했다. 그 뒤로 몇 번의 개정이 있었지만, 권장섭취량은 건강한 사람 대부분이 필요로 하는 양을 충족시키는 양으로 정의하고 있다. 그렇다, 바로 이것이 문제다!

현재의 권장섭취량은 극단적으로 과도한 섭취량이다!

97~98%에 달하는 사람들이 필요로 하는 양은 다시 말해 상위 2.5%(정확히는 퍼센타일)에 해당하는 섭취량인데, 왜 이 양이 '권장'되어야 하는가? 오히려 과도한 섭취량이진 않은가? 추정컨대, 많이 섭취하는 사람은 그 정도 먹어줘야 건강을 유지할 수 있다는 전제가 깔린 것으로 보인다. 또한, 처음 권장섭취량을 제정한 제2차 세계대전 당시인 1940년대에는 영양결핍이 만연했기 때문에 잘 먹고 많이 먹을수록 건강할 것이라는 전제가 틀리지 않았을 수도 있다. 하지만 최초 권장섭취량 제정 이후 대부분 국가의 경제가 발전하면서 충분한 음식과 영양을 섭취하게 되었고, 오히려 현재는 영양결핍보다는 전 세계적으로 과잉영양, 즉 비만이 주요 질병의 중요한 원인이 되고 있다. 이런 상황에서 권장섭취량의 기준을 상위 2.5%로 정의하는 것이 의학적으로 타당할까?

앞서 소개한 첫 번째 사례처럼 나라별 하루 비타민C 권장섭취량이 약 3배까지 차이가 나는 이유는 나라마다 평균적인 비타민C 섭취량의 차이가 크기 때문이다. 프랑스, 일본, 우리나라, 미국은 하루 비타민C 섭취량이 상위 2.5% 기준 100mg 내외인 반면, 영국과 인도의 섭취량은 상위 2.5% 기준 40mg 밖에 안된다. 정리하면, 현재 권장섭취량 개념은 최적의 건강 상태와는 아무런 관련성이 없다. 충분한 의학적, 영양학적 근거 없이 극단적으로 과도하게 높은 섭취량(상위 2.5%의 섭취량)에 다름 아니다.

현재 세계보건기구의 하루 소금 권장섭취량은 5g 미만이다. 일반적인 권장섭취량 정의대로라면 건강한 집단의 상위 2.5%가 섭취하는 소금양이 되어야 하겠지만, 다른 영양소와 달리 소금은 질병이나 사망을 줄일 수 있는 최적의 양을 역학연구를 통해 산출한 결과를 바탕으로 제시하고 있다. 물론 2014년에 23편의 관찰연구(코호트연구)를 종합한 메타분석 결과, 하루 6.6~12.4g의 소금을 섭취하는 사람들이 사망률이 가장 낮았다는 보고도 있어 소금 권장섭취량에 대한 개정이 필요할 수도 있어 보인다.

권장섭취량의 개념과 정의를 개정해야 한다!

그렇다면, 권장섭취량을 어떻게 새롭게 정의할 것인가? 특정 영양소의 권장섭취량을 의학적으로 타당하게 정의하려면 전향적 코호트연구2)를 통해 해당 영양소의 결핍으로 인해 특정 질병 혹은 사망 위험성이 높아지는 섭취량, 혹은 그 반대로 최적의 건강 상태를 유지할 수 있는 섭취량을 도출해야 한다. 예를 들어 체중이 너무 많거나 적으면 질병의 발생이나 사망률이 높아지기 때문에 정상 체중을 유지해야 건강하게 살 수 있다는 것을 우리는 잘 알고 있다. 이는 코호트연구를 시행해 체중에 따른 특정 질병이나 사망의 발생이 어떻게 차이가 나는지 확인함으로써 알 수 있게 된 것이다.

일반적으로 키가 큰 사람은 체중이 많기 때문에 키와 체중을 이용해 만든 체질량지수Body Mass Index, BMI라는 지표를 사용한다(물론 이 지수의 제한점도 있다). 〈그림2〉에서 볼 수 있듯이, 서양인의 경우 체질량지수 18.5 미만을 저체중, 18.5에서 25까지를 정상 체중, 25에서 30까지를 과체중, 30 이상을 비만으로 정의하고 있다. 체질량지수가 18.5에서 25사이에 해당하는 사람들의 질병 발생이나 사망이 가장 적었고, 이보다 적거나 많은 사람들은 질병 발생과 사망이 많았기 때문이다.

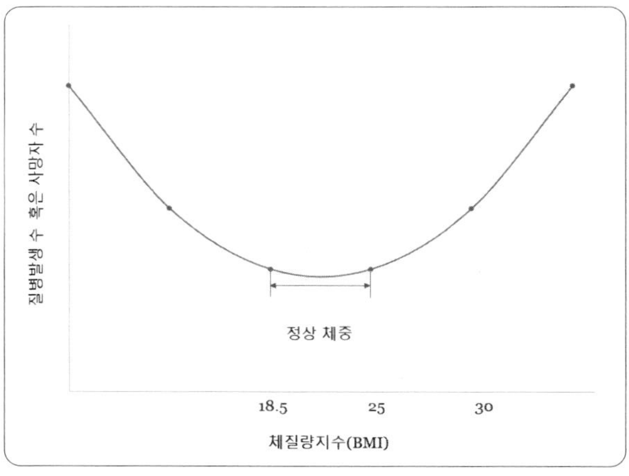

그림2. 체질량지수와 건강(질병 발생 및 사망자 수)의 관련성에 따른 정상 체중

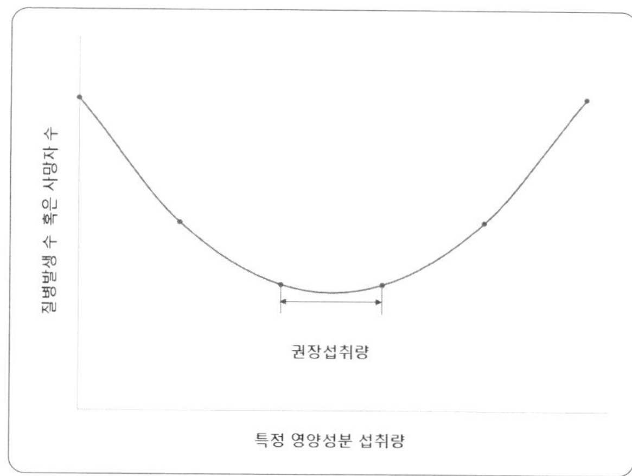

그림3. 영양성분 섭취량과 건강(질병 발생 및 사망자 수)의 관련성에 따른 권장섭취량

〈그림3〉처럼 특정 영양성분의 권장섭취량 역시 정상 체중처럼 코호트연구를 통해 질병의 발생이나 사망이 가장 낮은 범위의 섭취량을 권장섭취량으로 정해야 한다.

정리하면, 현재의 권장섭취량은 건강한 사람들 중에서 특정 영양성분을 극단적으로 많이 섭취하는 상위 2.5%에 해당하는 과도한 섭취량으로 최적의 건강상태를 유지할 수 있는 섭취량과는 관련이 없는 잘못된 개념과 정의다. 놀랍게도 내가 아는 한 전 세계적으로 관련 학계에서 문헌을 통해 이와 같은 문제가 제기된 적은 없다. 나는 권장섭취량의 개념과 정의의 오류에 대한 내용을 담은 연구단신을 2024년 6월 국제학술지 《Nutrition》에 게재했다. 의학, 영양학, 역학, 보건학 등 영양

관련 전문 분야가 연합해 권장섭취량의 개념과 정의를 새롭게 정립해야 한다. EPI

1 이 글의 내용은 2024년 6월 SCIE 국제학술지 《Nutrition》의 Hypothesis 지면에 3페이지 분량의 기고문으로 게재됐으며, 2024년 8월에 출간된 『어머니, 지금 영양제 끊어도 잘 자랍니다』(21세기북스)의 2장("우리가 아는 권장섭취량은 틀렸다")에도 수록되어 있다.

2 '전향적'이라는 말은 지금부터 미래로 나아가 관찰한다는 의미고, '코호트연구'란 공통된 특징을 갖고 있는 집단을 대상으로 시행하는 연구를 말한다.

과학의 이해관계는 어떻게 추구되어야 하는가

숨
EXHALATION

키워드
KEYWORD

박진영

전북대학교 한국과학문명학연구소 전임연구원. 환경과 보건의 교차점에서 과학기술, 사회운동, 정치를 주제로 연구한다. 특히 환경 피해 조사에 개입하는 지식, 전문성과 정책의 변화 과정에 관심을 가지고 있다. 『재난에 맞서는 과학』(2023)을 썼고, 채널예스에 칼럼 「재난이 다가와도 우리는」을 연재했다.

이해관계라는 블랙박스

이해관계에 얽힌 과학이나 과학자를 생각하면 어떤 이미지가 떠오르는가? 제일 먼저 사리사욕을 채우기 위해 기업의 부정한 청탁을 받아들여 연구 결과를 조작하고, 기업의 입맛에 맞는 연구를 해 세상을 혼란하게 만드는 과학자가 떠오를지 모른다. 영화나 소설에서 흔히 묘사되는, 허름한 문 너머 삐까번쩍한 최신 장비와 실험 도구가 가득한 실험실에 있는 빌런 과학자가 떠오를 수도 있을 것이다.

과학은 그 어떤 분야보다 개인의 이익 추구나 욕심, 가치가 반영되어서는 안 되는 영역으로 간주된다. 이를 고려하면 과학은 이해관계와 무관하다고 여기기 쉽지만, 과학 역시 다종다양한 가치와 배경을 가진 개인과 집단이 만드는 것이기에 이해관계와 무관하지 않다. 과학 지식이 만들어지고 확산되고 활용되는 과정을 연구하는 과학기술학은 새로운 과학 지식이 갑자기 만들어지는 것이 아니라 인간과 비인간을 포함한 다양한 행위자들의 역동적인 상호작용을 통해 만들어지는 것을 밝혀왔다.

이러한 과학기술학적 관점으로 '이해관계'라는 말로 뭉뚱그려 있는 블랙박스를 열어 이해관계와 과학이 얽힌다는 것이 의미하는 바가 무엇인지를 들여다볼 필요가 있다. 가습기살균제 참사는 기업, 정부, 피해자, 시민사회, 전문가 등 여러 행위자와 기관의 이해관계가 첨예하게 대립한 사건이다. 이 글에서는 가습기살균제 참사에서 기업이 이해관계를 활용한 두 가지 사례를 살펴본다. 이 사례들은 과학과 이해관계, 나아가 과학과 사회의 관계를 돌아볼 수 있는 실마리를 제공한다.

보도자료의 행간

가습기살균제 참사에서 '과학'에 대해 가장 많이 언급된 사례는 2016년 한국 사회를 떠들썩하게 했던 옥시의 '청부과학' 사건일 것이다. 옥시는 가습기살균제로 인한 위험이 세상에 알려지자 발 빠르게 한 대학 교수에게 가습기살균제 유해성 평가 연구를 맡기면서 일부 연구 결과 조작을 요청했다. 옥시가 이 연구를 의뢰하게 된 배경에는 2011년 8월 31일 보건복지부와 질병관리본부의 공식 발표 "가습기살균제, 원인미상 폐손상 위험요인 추정"이 있다.

이 보도자료는 질병관리본부(이하 '질본')에서 시행한 환자-대조군 역학조사의 결과에 따라 발표되었다. 4월부터 시행한 역학조사 결과 산모 등의 환자에 발생한 폐손상에 대한 가습기살균제의 교차비odd ratio는 47.3이었다. 원인미상 폐손상 환자 집단에서 가습기살균제를 사용한 경우가 환자가 아닌 집단(대조군)에 비해 47.3배 높다는 뜻이었다. 역학조사 결과 가습기살균제는 폐손상을 일으킬 가능성을 가진 물질이었고, 이에 따라 사용 자제 권고가 내려졌다.

보도자료에서는 다음과 같이 사용 및 출시 자제 권고가 내려진 경위를 설명한다. 8월 30일 "역학, 독성학 및 임상의학 전문가들로 구성된 자문위원회"를 개최해 중간 조사결과를 검토했고, 그 결과 "가습기살균제가 원인미상 폐손상의 위험요인으로 추정"되었다. 그에 따라 "국민들에게 일단 가습기살균제(또는 세정제) 사용 자제 및 제조업체에 대한 출시 자제를 권고"하는 것이 타당하다는 데 의견이 모여 결과를 발표하게 된 것이다.

가습기살균제 제품을 제조하고 판매하던 기업들은 이 보도자료 발표에 대해 어떤 반응을 보였을까? 보도자료에는 기업과 관련해 다음과 같이 적혀있다. "대부분의 가습기살균제(또는 세정제) 제조업체들은 자발적으로 시장에 출하를 연기하는 등 최종 인과관계가 확인될 때까지 권고 사항에 적극 협조할 뜻을 밝혀온 바 있다." 기업의 '적극 협조'는 무슨 뜻일까? 보도자료에는 한 줄로 쓰여있지만, 행간에 숨어있는 기업의 이해관계를 알 수 있는 단서를 〈가습기살균제사건과 4·16세월호참사 특별조사위원회(이하 사참위)〉의 조사 보고서를 통해 일부 확인할 수 있다.

보고서에 따르면 질본은 보도자료 발표 전인 8월 26일, 27일, 29일 세 차례 가습기살균제 제조 기업과 면담을 진행했다. 면담의 취지는 31일에 발표될 권고에 협조해 달라는 것이었다.

기업은 역학조사 결과나 독성시험 설계와 관련해 의견을 제시했는데, 가장 많은 요청 사항은 보도자료의 표현과 내용에 관한 것이었다. 면담에 참여한 기업은 업체명과 상품명 제외, '주요 위험요인'이라는 표현 변경, 교차비 수치 비공개, 다른 위험요인 언급, 흡입노출 시험 후 결과 발표 등을 요청했다. 특히 SK케미칼은 "직접적인 인과관계가 규명되지 않은 상황에서는 업체명과 상품명은 발표되지 않아야" 한다고 주장했다. 위험요인과 관련해서도 "주요 위험요인이라는 표현은 인과관계가 있다고 국민이 인식하므로 다른 표현이 필요"하다고 말하며 '통계학적 연관성'이라는 표현을 사용할 것을 제안했다. SK케미칼의 컨설턴트 자격으로 3차 면담에 참석한 한 대학 교수{후에 옥시레킷벤키저(영국 생활용품 제조사 '레킷벤키저RB'의 한국 자회사, 이하 '옥시RB'}의 연구용역 수행)는 한 달 정도의 흡입노출 시험을 하게 되면 질본의 가설을 확인할 수 있을 것이니 결과 확인 후 발표하는 것이 "사회적 혼란을 최소화 할 것"이라는 의견을 내기도 했다.[1)]

당시 가장 많은 가습기살균제 제품을 판매하고 있던 옥시RB의 규제부서 담당자는 RB 본사 관계자, 옥시RB 임원에게 질본과의 면담 내용을 이메일로 보고했다. 이메일에는 "우리에게 미칠 영향을 최소화하기 위해 질본 연구결과에 이의를 제기해야 하므로, 독성학 및 역학적으로 이의제기할 방법, 방어를 위한 흡입독성 데이터, 질본에 요구할 정보"를 논의하자는 내용이 있었다. 9월 1일에는 자체 흡입독성 실험을 하기로 결정한 내용의 이메일이 오고 갔다. 이후 잘 알려진 대로 옥시RB는 두 대학과 흡입독성 실험 연구용역 계약을 체결했다. 옥시RB의 이런 대응은 가습기살균제 피해자들이 제기할 소송을 염두에 둔 결정이었다. 9월 1일 이메일에는 다음과 같은 문장이 있었다. "옥시RB는 환자들 가족의 법적 대응을 방어하기 위해 흡입독성 실험을 수행하기로 결정했다RBK decided to conduct inhalation toxicity study to defend any legal challenges from patient's family."2)

결과적으로 기업의 요청사항 중 하나가 받아들여져 최종 보도자료에는 가습기살균제 상품명이나 성분이 밝혀지지는 않았다. 질본은 아직 "명확한 인과관계가 규명되지 않았고", 판매 중인 가습기살균제 "전체 제품을 다 파악하고 있지 못하며," "역학조사에서도 일단 설문에 의한 조사이기 때문에 특정 제품을 거론하지" 않았다고 밝히며, "대신 모든 가습기살균제에 대해서 사용 및 출시 자제를 권고"했다고 발표했다.3) 사참위는 보도자료에서 제품명과 업체명을 공개하지 않은 것을 두고 질본이 "당시 국민의 건강 피해와 알권리 차원"에서 업체명과 상품명을 공개해야 했지만, 기업 측의 요구를 수용한 점은 부적정하다고 판단했다.

흡입독성 실험 결과가 나오지 않은 위험요인 '추정'의 단계에서 기업은 업체명과 상품명 공개로 야기될 손해를 막고자 했고, 이 이해관계는 일부 받아들여졌다. 그 결과 소비자와 가습기살균제 사용자는 어떤 가습기살균제 제품에 문제가 있는 것인지, 사용하고 있는 가습기살균제는 안전한 것인지 혼란을 겪었다. 제품명과 업체명이 공개되고 특정 가습기살균제 제품의 수거 명령이 내려진 것은 두 달이 지난 11월 11일이었다.

연구 '의도'라는 이해관계

건강 관련 사회적 참사가 발생했을 때 책임을 묻고 배·보상을 논의하는 과정에서 건강 피해를 입증하고 인과관계를 따지기 위해 많은 과학 연구가 증거로 사용된다. SK케미칼과 애경산업 등 가습기살균제 제조·판매 업체 형사 재판에서 연구 보고서와 증거 채택 여부를 두고 벌인 법정 공방은 기업이 과학의 객관성과 중립성을 볼모로 연구의 의도와 목적을 문제 삼은 사례다.

2022년 12월 환경부 국립환경과학원은 가습기살균제 성분 물질 중 CMIT/MIT가 호흡기 노출을 통해 폐에 도달할 수 있고, 폐질환을 일으킬 수 있다는 점을 연구로 확인했다고 발표했다. 2023년 2월 변론에서는 이 연구의 책임자인 전종호 교수의 증인 채택과 보고서 증거 채택을 두고 공방이 오갔다. 검찰은 "피고인 기소를 위한 증거 목적으로 진행한 연구가 아니라 정부기관이 가습기살균제 피해에 대한 보상과 진실규명과 방지를 위한 제도 수립을 위한 중립적인 연구자료"라며 증거 채택을 요청했다.[4] 반면 기업 측 변호인단은 이 보고서가 "명백하게 1심 판결이 잘못된 걸 증명하겠다는 의도로 이뤄진 걸" 알 수 있으며, 이 연구는 "새 실험이라기보다 종전연구에 대한 종합, 나열"이기에 객관적이고 중립적으로 이루어진 것이 아니라 실험결과를 믿을 수 없다고 반론했다.[5]

전종호 교수의 증인신문에서는 실험 설계와 농도 설정 방식에 대한 문제 제기가 있었다. 기업 측 변호인단은 실험 농도가 초고농도라 폐의 회복 능력을 초과하지만, 실제 가습기살균제는 저농도로 사용해 폐의 청소 능력을 초과하지 않는다고 지적했다. 전 교수는 "일단 제가 한 실험에 대해서 초고농도로 했다는 것에 동의할 수 없고요, 그 연구기법이 제가 설정한 것도 아니고, '많이 넣어주세요' 요청한 것도 아니고 이미 30~40년 전부터 나와 있는 (연구기법상의) 용량의 절반을 쓴 것이고요. 그다음에 (폐의 청소 능력을) 오버한다? 도대체 얼마만큼 오버한다는 겁니까?"라고 반문했다.[6]

가습기살균제에 사용된 화학물질의 독성을 입증하기 위한 목적으로 설계되고 수행된 연구는 어떤 방식으로 연구되어야 중립적이고 객관적이라 말할 수 있을까. 기업은 책임을 회피하고 부정하기 위해 연구 결과를 조작하기도 했지만, 법정에서 책임을 회피하기 위한 전략으로 연구가 정부의 의뢰로 이루어진 연구용역이라는 점을 집요하게 물고 늘어지며 증거 채택을 막으려 했다. 기업 측 변호인단의 이런 전략은 이해관계와 무관한 과학 연구만이 객관적이고 중립적이라는 사회적 통념을 강화하는 데 일조하며, 가습기살균제의 독성과 인체에 미치는 피해를 연구하는 전문가와 과학자들의 과학 활동과 이들의 연구에 대한 지원을 어렵게 만들었다.

이해관계가 향하는 방향

가습기살균제로 인한 피해를 준 책임을 축소하고자 했던 기업은 과학의 불확실성을 강조하며 보도자료에서 제품명, 업체명 제외를 요구하거나, 과학의 객관성을 강조하며 법정에서 가습기살균제 관련 연구의 가치를 훼손하려 시도했다. 책임과 보상을 최소화하려는 기업의 여러 전략이 겹치고 겹쳐, 참사가 발생한 지 13년이 지났는데도 가습기살균제 피해자와 유가족들은 분명히 피해를 입었음에도 제대로 된 배·보상을 받지 못하고 있다.

가습기살균제 참사는 과학에서 고정된 이해관계의 규범이나 규칙이라는 게 존재하지 않는다는, 아니 존재할 수 없다는 점을 보여준다. 그렇다면 이해관계의 개입이나 반영 그 자체가 문제라기보다는, 결국 중요한 것은 어떤 이해관계를 반영하고 누구의 이해관계를 수용할 것인가 하는 문제다.

이해관계가 곧 '돈'을 의미하지는 않지만, 가습기살균제 참사에서도 대체로 과학의 이해관계는 돈을 매개로 움직였다. 누구의 돈을 받고 어떤 연구할 것인가는 이해관계의 반영을 보여준다. 옥시의 연구 조작도 거액의 연구비로 가능했고, 핵심 연구는 정부의 용역을 통해 수행되었다. 돈이라는 이해관계는 사회적 참사에서 과학을 둘러싼 논쟁뿐 아니라 참사 해결에서도 중요한 지점이다.

2017년 시행된 '가습기살균제 피해구제를 위한 특별법'에 따라 환경부는 가습기살균제 관련 사업자에게 분담금을 부과하고 이 재원으로 가습기살균제 피해자들의 생활비, 의료비를 지원해왔다. 그런데 최근 옥시와 애경산업은 이미 수천억 원을 피해자에게 지급했기 때문에 더 이상의 비용을 들이기 어렵다고 말하고 있다. 분담금 소진으로 2023년 2월 환경부가 추가로 부과한 분담금에 대해 옥시는 이미 낸 분담금을 취소해 달라고 소송을 제기하고, 앞으로 추가 분담금을 낼 수 없다는 공문을 환경부에 보냈다. 애경산업은 한국환경산업기술원장을 상대로 추가 분담금 부과 처분 취소 청구 소송을 제기했다. 2024년 11월 29일, 서울행정법원은 분담금 부과 처분을 취소하라는 판결을 선고하며 애경의 손을 들어줬다.7)

피해자와 유가족은 아무리 많은 돈으로도 그 피해를 전부 보상 받을 수 없지만, 보상금이나 지원금조차 받지 못한다면 무엇으로 상처를 씻어야 하냐고 묻는다. 가습기살균제 제품을 제조하고 판매한 기업은 이미 많은 돈을 지출했기 때문에 가습기살균제 피해에 대해 더 이상의 돈을 부담하기는 어렵다고 말한다. 한국 사회는 누구의 목소리에 귀를 기울이고 누구의 편을 들어주게 될까? 전술했듯 누구의 이해관계를 수용할 것인가 하는 문제는 참사 해결 과정에서 항상 가장 중요한 문제였다.

따라서 1,800명이 넘는 사망자가 발생한 전대미문의 화학물질 참사의 해결 과정에서 우리가 요청해야할 것은 이해관계가 반영되지 않은 가장 확실하고 객관적인 과학이 아니다. 어떤 이익과 손해를 대변하는 과학이 만들어져야 하는지에 대한 논의 위에서 만들어지는 과학이 필요하다. 사회 정의와 참사 해결은 누구에게 이익이며 누구에게 손해이고 그 이익과 손해의 실체는 무엇인지를 따져봐야 할 것이다.

과학철학자 케빈 엘리엇이 지적했듯 과학의 객관성은 과학의 가치를 인정할 때 더 강해질 수 있다.8) 그렇기 때문에 우리 사회가 추구해야 할 가치가 무엇인지를 더 많이 이야기해야 한다. 더 나은 사회를 만드는 좋은 과학은 이해관계가 배제된 과학이 아니라, 정의라는 가치를 추구하는 방향이 개인과 사회 모두에게 이익이 될 수 있다는 합의 위에서 만들어지는 과학이다. EPI

1 가습기살균제사건과 4·16세월호참사특별조사위원회. 2020.11.24 의결. 질병관리본부의 가습기살균제 피해 대응과정에 대한 조사결과보고서. 신가-2(가).

2 가습기살균제사건과 4·16세월호참사특별조사위원회. 2022.2.24 의결. 조사결과보고서(안) - 가습기살균제 원료 공급 및 제품 제조·유통·판매 등과 관련된 기업 조사 - (직가-1-8) 가습기살균제 참사에 대한 기업의 대응 과정 조사.

3 보건복지부 질병관리본부. 가습기살균제, 원인미상 폐손상 위험요인 추정. 보도자료. 2011.08.31.

4 이재수. 2023. "CMT-MIT 2심 '증거채택' 두고 검찰-변호인 '공방'." 《스마트투데이》 2023.02.23.

5 강홍구. 2023. "가습기살균제 형사재판과 변론 유감." 『함께사는 길』.

6 송윤경·김원진. 2023. "'연구 한계'만 캐묻는 60인의 변호인단… 과학은 또 '오역'될까." 《주간경향》 1541호. 2023.08.21.

7 기사에 따르면 판결 이유가 아직 공개되지는 않았다. 오연서. 2024. "법원 "가습기살균제 피해 지원 추가 분담금 취소"…애경산업 승소." 《한겨레》 2024.11.29.

8 케빈 엘리엇. 2022. 『과학에서 가치란 무엇인가: 연구 주제 선정부터 설계, 실행, 평가까지』 김희봉 역. 김영사.

ANSIBLE NEWS

갓

'갓'은 변해가는 것들의 첫 순간에 붙이는 말입니다. 이 순간은 아직 일어나지 않은 일들을 품고 있어서 기대와 두려움이 교차합니다. 에피는 지금 일어나 미래에 영향을 주는 뉴스에 관심을 가지고 이를 독자들께 전달하겠습니다. 어슐러 르 귄의 소설 『로캐넌의 세계』에서 처음 등장했던 '갓(Ansible)'은 빛도 천년을 달려야 닿는 곳에 실시간으로 소식을 전합니다.

Q: 우리나라 원전은 안전한가요?
A: 국내 원자력발전소는 심층방어의 개념으로 설계되어 있습니다. 원전의 설계에는 오차가 존재하고, 설비는 작동하지 않거나 오작동을 할 가능성이 있고, 운전원은 실수를 하기 마련이라는 가정하에 원전의 비정상적인 이상 상태 발생 방지를 위해 여유 있는 안전설계를 하고 있으며, 인적 오류와 고장에 대비해 다중 설비를 갖추고 있습니다.

한국원자력산업회의, 『원자력산업』 37(9), 2017.

지난 5월 6일, 정부는 「국내 원전 안전점검 결과」를 발표했다. 보고서는 온통 '안전하다'는 말로 채워져 있는데, 점검단은 정부 추천을 받은 원자력 학계와 원자력안전기술원이 위촉한 인사들로만 구성되었다. 국내 원자력산업계는 그들만의 협력관계로 단단히 결속되어 있으며, 정보 독점과 통제가 심각하다. 정부는 주민대표와 민간 환경감시기구의 의견을 수렴했다고 선전했지만, 불과 몇 시간의 의견 청취에 불과했다.

이유진, "원전을 멈춰라 – 체르노빌이 예언한 후쿠시마, 후쿠시마가 예언한 다음 원전은?"
『환경사회학연구 ECO』 15(1), p.245~252. 2011년.
* 『원전을 멈춰라』(히로세 다카시 지음, 김원식 옮김, 이음)의 서평

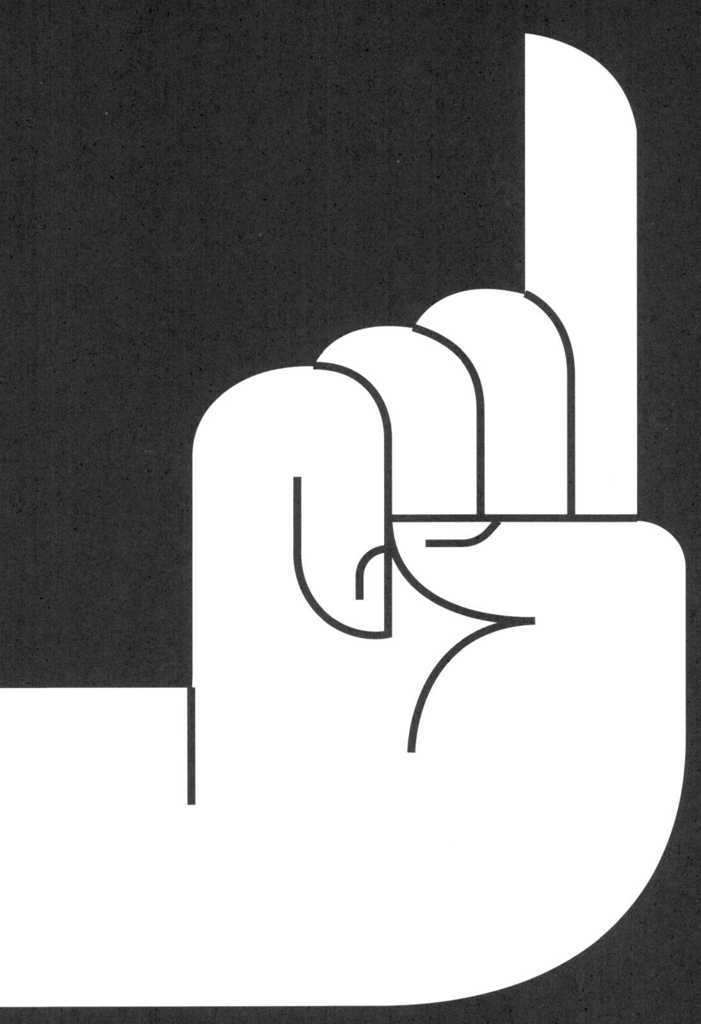

기억의 소멸에서 기록한 것들

갓
ANSIBLE

뉴스
NEWS

→이 계절의 새 책

『내가 알던 사람』
샌디프 자우하르 지음, 서정아 옮김,
글항아리(2024)

정인경

과학저술가, 고려대학교 과학기술학협동과정에서 박사학위를 받고 같은 대학 과학기술학연구소에서 연구교수로 활동했다. 저서로는 『내 생의 중력에 맞서』, 『모든 이의 과학사 강의』, 『통통한 과학책 1,2』, 『과학을 읽다』, 『뉴턴의 무정한 세계』 등이 있다. 고등학교 『과학사』(씨마스) 교과서를 집필했으며, 한겨레 신문에 〈정인경의 과학 읽기〉 칼럼을 썼다.

요가 첫 수업에서 강사로부터 요가할 몸이 아니라는 소리를 들었다. 60대에 처음으로 시작한 요가라 그런지 내 몸은 쇠막대기처럼 뻣뻣했다. 허리를 숙여 바닥에 손끝이 닿지 않는 사람은 아마 나 하나뿐인 것 같았다. 한숨이 나왔지만 고질적인 요통에서 벗어나려고 착실히 나갔다. 이 수업에는 나보다 나이 든 회원이 많아서 은근 마음 한켠으로 위로와 격려가 되었다. "우린 1시간 동안 살기 위해 고문받는 거야" 누군가 농담으로 건네는 말을 웃어넘겼지만 "살기 위해"에 담긴 간절한 의미를 서로 알고 있었다. 다리 찢기와 같은 동작을 하면서 머릿속에서 근육과 신경섬유, 세포의 작용을 그려보았다. 근섬유의 수축 기전, 액틴과 미오신 등의 단백질 이름, 남궁석의 『세포』에 나오는 그림들이 떠올랐다. 호흡에 맞춰 근육을 이완시킬 때, 신경이 찌릿찌릿하고 몸이 부들부들 떨릴 때 나는 살아있음을 느꼈다. 아니 생명체의 대사활동에 대해 알고 있는 과학지식까지 동원해서 살아내려고 안간힘을 쓰고 있었다.

요가 초보자는 어느덧 요가에 빠져들었다. 습관처럼 도서관에 가서 요가에 관련된 책들을 살펴보았지만 그리 도움을 얻지 못했다. 명상, 호흡, 마음 챙김 등을 몸으로 느끼기에는 아직 멀기만 했다. 나는 엉뚱하게 그동안 좋아했던 과학책의 멋진 문장들로 내 몸속을 상상하며 힘든 시간을 버텼다. 예를 들어 빌 헤이스의 『해부학자』에서 연약한 분홍색의 뼈와 근육을 묘사한 대목이라든지, 샌디프 자우하르의 『심장』에서 죽는 순간까지 박동하는 심장 조직과 세포에 대한 이야기를 기억해내곤 했다. 그러다 의식의 흐름은 자우하르의 책에서 간직하고 있던 좋은 말로 이어졌다. 삶과 죽음을 결정하는 요소로 그는 "우리의 마음 상태, 대처 전략, 어려움을 극복하는 방식, 심적 고통을 초월하는 능력, 사랑하는 능력"을 꼽았었다. 건강하게 사는 법으로 운동과 식습관 외에 더 중요한 것이 있음을, 그 덕분에 늘 잊지 않으려고 했다.

샌디프 자우하르는 아툴 가완디와 싯타르타 무케르지를 잇는 '글 잘 쓰는 의사'로 소개된다. 나에게는 특별히 애정하는 과학저술가들 중 하나인데 무케르지나 가완디만큼 한국에서 주목받지 못하고 있는 것이 안타깝다. 이번에 나온 신작, 『내가 알던 사람』은 알츠하이머병을 앓다 돌아가신 아버지의 이야기다. 전작 『심장』에서 친할아버지, 외할아버지, 어머니를 심장병으로 잃는 가족사가 잠깐씩 나온 것에 비해 이번 책에서는 아버지, 어머니와 형제들, 가족관계가 전면에 등장한다. 아마 인생에 중대한 영향을 미친 아버지의 삶을 통해 자신의 이야기를 하고 싶었던 모양이다.

자우하르의 아버지는 식물유전학을 연구하는 과학자였다. 가난한 나라 인도에서 자란 아버지는 밀과 기장의 유전자를 개량해서 녹색혁명을 꿈꾸는 이상주의자이기도 했다.

1970년대 인도의 정치적 혼란에 떠밀려 미국으로 이민을 왔지만, 아버지의 마음은 언제나 고향 인도에 있었다. 미국 대학에서 비정규직 연구원을 전전하면서 알뜰히 모은 돈으로 곤궁한 유색인종 학생들에게 장학금을 나눠주었다. 자우하르는 아버지를 따라서 영국과 인도, 미국에서 어린 시절을 보내며 이민자 가정의 역경과 고난을 함께 했다. 40대 심장 전문의로 미국 생활이 자리 잡힐 무렵, 어머니의 파킨슨병이 발병했고 어머니를 돌보던 아버지마저 알츠하이머병 진단을 받았다. 기억을 잃어가는 아버지의 모습을 마주하면서 '쓰기'와 '기록'을 멈출 수 없었을 것이다.

나는 '기억'을 과학적으로 다루는 연구 논문과 책들을 탐독해 왔다. 에릭 캔델, 다우어 드라이스마, 리사 제노바 등의 책을 통해 신경과학의 관점에서 기억을 이해할수록 기억의 작용이 더 신비롭고 애틋하게 느껴졌다. 며칠 전에는 가수 아이유의 이름이 기억나지 않아 한참을 생각했었다. 나의 아저씨, 이선균, 이름에 '유'자가 들어갔었지. 얼굴은 떠오르는데… 그러다 '아이유'가 마침내 떠오르면 저장된 신경 패턴을 찾아 이리저리 활성화되는 뇌 속을 상상해 보았다. 뇌는 끊임없이 바뀌는 세포조직으로 이뤄졌고, 기억의 흔적은 신경학적으로 변형되고 부패할 것이다. 망각하지 않으려고 움켜잡고 있는 나의 소중한 기억들은 언제까지 소멸되지 않고 버텨줄까?

『내가 알던 사람』은 조각조각 흩어져 있던 뇌와 기억에 관한 지식을 구체적으로 연결해 주었다. 자우하르는 아버지의 병이 진행됨에 따라 나타나는 증세를 신경과학적으로 비추어 보았다. 알츠하이머병에 걸리면 뇌 속에 해마가 가장 먼저 공격받는다. 손상된 해마로 인해 아버지는 새로운 기억을 만들지 못했다. 아버지는 점심을 뭘 먹었는지 돌아서면 잊어버렸고, 아내가 죽었다는 사실을 부인하였다. 무의식적으로 기억의 내용을 변경해서 죽은 아내가 안락의자에 앉아있다고 억지를 부렸다. 기억은 '사실을 아는 것'과 '방법을 아는 것'이 분리되어 있다. '피아노는 건반악기다'와 같이 언어적으로 표현할 수 있는 것을 '서술기억'이라고 하고, 피아노 치는 법을 몸으로 익힌 것을 '비서술기억' 또는 '암묵기억'이라고 한다. 아직 비서술기억을 잃지 않은 아버지는 이를 닦고 수영을 할 수 있었지만 공과금 내는 일을 잊었고, 말도 안 되는 말을 늘어놓았다.

이러한 알츠하이머병 환자를 돌보는 일은 가족 모두에서 끔찍한 고통일 수밖에 없다. 자우하르는 7년 동안의 간병 과정에서 아버지나 형제들과 부딪혔던 갈등과 다툼을 있는 그대로 보여주었다. 뇌질환 환자라는 꼬리표가 편견과 무시를 불러오고 부모와 자식 관계는 서서히 무너졌다. 환자의 상태를 이해하지 못하고 언쟁을 벌인 일들은 환자의 심리를 더욱 위축시켰다. "끝없이 작아지는 상태에 홀로

갇힌 아버지의 축소된 자아를, 나는 경계선 바깥에서 비통한 마음으로 물끄러미 바라보았다" 나 또한 시어머니가 알츠하이머병으로 9년간 투병하다 돌아가셔서 이 서글프고 쓸쓸한 심정을 누구보다 잘 알고 있다. 하지만 이 책은 내가 그때 미처 생각하지 못했던 과학적 이해와 지식으로 환자의 세계를 들여다보았다. 기억상실, 이해력 둔화, 일이나 외모에 대한 부주의, 극도의 자극과민성 등 환자의 병증이 깊어질수록 아들, 의사, 작가로서의 고뇌와 성찰은 더욱 깊어졌다.

자우하우르는 아버지를 손상된 뇌가 아닌, 그 이상의 존재로 생각하려고 노력했다. 그러나 알츠하이머 병변이 뇌 전체로 퍼져나가며 '내가 알던 아버지'가 아닌 다른 사람이 되어갔다. 해마에 이어 기분과 감정을 제어하는 편도체와 변연계가 망가져서 슬픔과 분노, 욕망을 억제하지 못했다. 전전두엽과 두정엽의 손상은 자기인식 능력을 현저히 감퇴시켰다. 자신이 알츠하이머병에 걸린 것을 인식하지 못했고, 어떤 환경에 처했는지 시간과 장소, 상황을 인식하는 지남력마저 잃었다. 그런데 아버지는 밤마다 어머니를 그리워하며 잠들기 전에 나지막이 인도의 옛노래를 불렀다. 그 노랫말을 구글에서 검색해 보니 "달님에게 노래하고 계셨네"였다.

당신의 기억 그리고 하늘의 별들과 함께
나는 온밤을 지새웠습니다.
떠나기 전에 다짐했던 약속들,
속히 오겠다던 그 약속을,
당신은 잊었습니다.
오 달님이여, 당신은 어디에 있나요?
오 달님이여, 당신은 그 밤에 어디에서 보내셨나요?

- 『내가 알던 사람』 264쪽

알츠하이머병이 마지막 단계에 이르렀지만 놀랍게도 아버지의 감정 기억은 살아 있었다. 사랑과 기쁨, 행복, 그리움을 느끼는 능력은 사라지지 않았다. 누가 무슨 말을 했는지 다 잊어버려도 그 사람으로부터 느낀 감정을 기억했다. 돌아가시기 몇 달 전 아버지는 뜬금없이 사과를 하고 싶다고 하셨다. 자우하르는 영문을 모르고 아버지의 사과를 받아들이면서 "그런 순간을 나는 사는 동안 내내 기다려왔다"고 썼다. 짧은 교감의 순간이 평생 간직할 영원한 시간으로 그의 신경세포 어딘가에 새겨졌다. 아버지는 "미안하구나", "사랑한다", "연구하는 게 좋았어", "그리워, 아주 많이", "걱정할 것 없다", "다 잘될 거야" 등등의 말을 남기고 떠나셨다. 기억이 소멸되어도 삶은 지속되었고 사랑하는 관계를 앗아가진 못했다.

수전 손택은 자신의 암에 대해 개인적인 글을 쓰지 않았다. 개인의 서사를 늘어놓는 것이 견해나 신념을 말하는 것보다 유용하지 않다고 보았기 때문이다. 손택은 질병에 관한 이야기가 우리가 이미 흔히 알고 있는 것이라고 했지만 나는 그리 생각하지 않는다. 『내가 알던 사람』을 읽으면서 내 아버지를, 내 시어머니를, 늙어가는 나 자신의 모습을 보고 느꼈다. 그 느낌으로부터 지은이, 자우하르의 생각과 신념이 전해졌고, 내 몸과 마음이 조금은 달라졌다. 책은 그저 '개인 서사'를 말하는 것이 아니라 체현된 감정을 불러왔다. 느끼는 동시에 생각하고 행동할 수 있도록. 아침에 일어나서 요가 수업을 가는 발걸음이 조금은 가벼워졌다. EPI

AI가 휩쓴 노벨상, 바뀐 과학 연구 경향 반영하나

갓
ANSIBLE

뉴스
NEWS

→과학이슈 돋보기

윤신영

본지 편집위원, 얼룩소 에디터. 연세대에서 도시공학과 생명공학을 공부했다. 14년간 과학 기자로 글을 쓰면서 4년간 《과학동아》 편집장을 역임했으며, 생태환경전환잡지 《바람과 물》 편집위원으로도 활동 중이다. 2009년 로드킬에 대한 기사로 미국과학진흥협회 과학언론상, 2020년 대한민국과학기자상을 받았다. 지은 책으로 『사라져 가는 것들의 안부를 묻다』와 『인류의 기원』(공저) 등이 있다.

올해 노벨상은 화제가 많다. 한국에서 가장 큰 화제는 단연 10월 10일 저녁(한국 시간) 발표된 문학상 수상 결과다. 한국에 역대 두 번째 노벨상이자 최초의 문학 부문 노벨상이 소설가 한강에게 주어졌다. 하지만 이전 사흘간 발표된 과학상도 그에 못지않은 화제였다. 첫날 발표된 생리의학상은 기초과학 분야인 마이크로 RNA가 선정돼 큰 이슈가 되진 않았다. 하지만 물리학상과 화학상이 거푸 인공지능AI 분야에서 나오면서 큰 주목과 함께 다양한 해석을 낳았다.

특히 물리학상의 경우, 평소 물리학자로 분류되지 않던 AI와 머신러닝, 인공신경망의 대가 제프리 힌튼 캐나다 토론토대 교수가 포함되면서 여러 이야기를 낳았다. 일부 학자들은 신경망의 움직임을 해석하고 인공신경망의 거동을 재현하기 위해 물리학 방법론을 사용했으므로 물리학상 수상자로 손색이 없다고 주장한다. 자연의 작동 원리를 밝히고 수식으로 그것을 표현, 해석하는 작업 모두가 물리학에 포함된다는 것이다. 반면 아무리 그래도 물리학 연구 배경이 없는 컴퓨터 과학자가 수상자 목록에 포함된 것은 다소 과감한 결정이었다는 의견도 있었다.

이 논쟁은 수상자들의 자격을 의심하거나 부정하는 성질의 것이 아니라 물리라는 분야를 어디까지 봐야 하느냐에 관한 것이었다. 이번 발표 이전까지는 머신러닝이나 AI를 물리학의

한 분야로 언급하는 경우가 거의 없었다. 하지만 이번 수상을 계기로 머신러닝도 물리학의 성과로 취급해야 할지 등에 관해 다양한 논의가 이어졌다. 노벨상을 발표하는 노벨위원회도 이런 논란을 의식한 듯 발표 직후부터 "인공신경망이 물리학의 방법론을 사용했다"는 사실을 강조했다. 노벨상 발표 시즌에는 홈페이지에서 "머신러닝을 위한 모델이 물리학 기반의 방정식에서 나왔다는 사실을 알았는가?"는 설문조사를 게시하기도 했는데, 결과를 보면 1만 3,000명 이상이 참여한 11일 13시 30분 기준으로 "몰랐다"가 55%로 더 많았다. 적어도 대중에게는 낯선 사실임이 틀림없다.

AI 돌풍은 화학상에서도 이어졌다. 컴퓨터를 이용한 단백질 디자인의 길을 연 데이비드 베이커 미국 워싱턴대 교수와 함께, 단백질 구조 예측 AI '알파폴드' 시리즈를 만든 구글 딥마인드의 데미스 허사비스 대표와 존 점퍼 수석연구원이 받았다. 이 가운데 딥마인드의 수상자 둘은 화학자가 아닌 AI 연구자 출신 기업인과 계산 생물학자라는 점이 주목받았다. 물리학상의 힌튼과 비슷하게 화학 연구 배경이 없는 학자가 화학상 수상자로 결정됐기 때문이다.

다만, 물리학상에 비해서는 놀라움을 표하는 사람이 적었다(오히려 한 해에 두 분야에서 동시에 AI가 수상했다는 사실에 놀라는 사람이 더 많았다). 단백질 구조 예측 및 설계는 생명과학 및 생화학 분야의 난제 중 하나였고, 쉽게 구조를 풀거나 설계할 기술이 개발될 경우 신약을 개발할 때 획기적인 도움을 받을 수 있기 때문에 오랫동안 해결책을 기다려온 학자가 많았다. AI는 여기에 획기적인 돌파구를 마련해왔고, 베이커 교수팀과 딥마인드는 그중 가장 큰 성과를 거뒀다. 불과 수년 사이에 단백질 구조 예측에 들이는 노력과 시간을 줄여 연구 시간을 획기적으로 단축했다는 과학자들이 많아졌다. 이 기술을 이용해 개발한 신약도 나오고 있고, 이를 위한 기업도 탄생하고 있다.

단백질 구조 AI는 화학 또는 생리의학 분야의 중요한 문제를 풀 뛰어난 도구였으며, 인류를 이롭게 할 과학적 진보를 위한 기술적 도약으로 해석할 수 있다. 이전에도 인류에게 이로운 중요한 기술을 제공한 기초연구가 화학상을 수상한 사례가 여럿 있었기에, 이번 수상 결정에도 물리학상에 비해 상대적으로 이견이 적었던 것으로 보인다. 딥마인드와 베이커 교수팀의 수상은 시간 문제였을 뿐이며, 상의 종류가 화학상일지 생리의학상일지 정도만이 문제였다는 의견도 많았다.

그런데, 단순히 이런 차이 때문에 화제 양상이 달랐던 것은 아니다. 노벨상 각 분야 수상자의 면면을 보면, 평소 이 상을 수상하는 각 분야의 분위기도 꽤 달랐음을 알 수 있다. 기존 수상자들의 면면이 분야별로 꽤 달랐기에, 똑같은 파격에도 사람들의 반응이 달랐다는 것이다.

전통적인 '분야' 구분 흐려지고 있어...수상자 653명 배경 분석

사실 노벨상의 분야가 혼란스럽다는 반응이 나온 지는 꽤 됐다. 특히 생리의학상과 화학상이 그렇다. 신약 개발에 공헌한 화학 연구, 단백질 구조를 밝힌 연구, 유전체를 해독하거나 직접 수정하는 기술, 세포 내 단백질의 구조를 밝힌 연구 등 생명과학이 화학의 언어로 생명을 해석하기 시작한 이후 다양한 연구가 생명과학과 화학 분야 사이에 걸쳐 있다. 때문에 주요한 생명과학 분야 연구가 노벨상 후보로 언급될 때면 생리의학상과 화학상 중 어느 분야에서 수상할지 궁금해하는 반응이 많다. '유전자 가위' 크리스퍼 기술은 노벨상 0순위로 최근 수년 내 자주 꼽혔는데, 2020년 수상 때 결국 화학상을 수상했다. 그래핀과 같이 새로운 소재와 관련한 재료과학 연구도 물리와 화학상 중 어떤 상을 받아도 크게 어색하지 않은 경우가 많다. 하지만 자세히 들여다보면, 분야 별로 양상이 많이 다르다. 어느 분야는 다른 분야 전문가의 수상에 더 열려 있고, 어느 분야는 그렇지 못하다.

이를 확인하고자 역대 노벨 과학상 수상자 653명의 분야를 살펴봤다. 수상자의 배경을 정리한 하나의 데이터는 없기에,

각 수상자의 영문 위키백과의 페이지를 모두 수집한 뒤 정제해, 각 페이지에서 그 과학자를 언급한 분류어를 추출해 분류했다. 한 명의 과학자가 여러 분야에 걸쳐 있기도 하고, "의사이자 바이러스학자", "AI 연구자이자 기업인이자 체스 선수"처럼 여러 명칭으로 불리기도 한다. 이런 명칭을 모든 수상자로부터 수집한 뒤 정제하고, 주요 명칭 별로 분류해 해당하는 연도별 수상자가 어떻게 변해왔는지 살펴봤다.

물리 - 응집성 강한 분야, 하지만 변화가 느껴진다

먼저 물리학상 수상자 227명을 살폈다. 수상자를 설명한 절대다수(89%, 203명)의 수식어는 그냥 "물리학자"였다. 물리학에도 다양한 분야가 있지만, 위키 백과에서 인물을 한 마디로 설명하는 문장에는 거의 예외 없이 물리학자라고만 서술돼 있었다. 극히 일부는 '이론 물리학자'나 '핵 물리학자', '입자 물리학자'라고 부연 설명하고 있지만, 반대로 이런 분류에 해당하는 학자임에도 언급이 빠진 경우가 오히려 더 많아 따로 분류하지는 않았다.

딱 하나, 따로 분류한 것은 천체물리학자다. 11명이 천체물리학자로 언급됐다. 천체물리학자 역시 물리학자로 보고 계산하면 노벨 물리학상의 94%가 물리학자에게 간 셈이다. 전자공학자 등 엔지니어로 분류된 경우는 11명(5%), 발명가와 수학자로 불린 사람은 각각 6명(3%) 있었다.

천문학자는 5명, 화학자는 3명으로 매우 적었다. 그 외에 특이하게 기상 및 기후학자가 두 명이 있었고(2021년 기후물리 분야 수상자. 이 당시에도 화제였다), 유일하게 컴퓨터 과학자가 한 명 있는데 그게 올해 수상자인 힌튼 교수다.

전반적으로 물리학상은 물리학자를 중심으로 수여됐다. 반도체 등 지금은 공학의 영역에 속하는 분야를 개척한 연구도 다수 있지만, 이들의 기틀을 세운 수상자는 모두 물리학자로 기술돼 있다. 다만 2020년대 이후 약간의 변화가 감지되는데, 기후학자(2021년)와 컴퓨터과학자(2024)가 수상하면서 철옹성 같던 물리학상 분야에도 다양성이 나타나기 시작했다. 우연일 뿐인지는 좀 더 시간이 지나봐야 알 수 있을 것이다.

화학 – 정체성의 위기 또는 친화력

화학 분야 수상자도 기본적으로는 수상자를 단적으로 설명하는 단어는 '화학자'인 경우가 가장 많았다. 197명 중 166명(84%)이었다. 물리학상보다는 낮지만, 언뜻 양상은 비슷하다. 하지만 자세히 보면 다르다. 최근에는 화학자라는 명칭이 빠져 있는 수상자가 늘고 있다. 1990년대 이후만 보면, 83명 중 58명(70%)만이 화학자로 기록돼 있다.

대신 다른 분야 전문가의 수상이 늘었다. 수상자 중 생화학자의 비율은 20세기 초중반부터 꾸준히 존재해왔다(총 43명, 22%). 여기에 더해 최근에는 아예 물리학자(41명, 21%)나 생물학자(14명, 7%)의 참여도 늘었다. 생물학자는 2000년대 이후 본격적으로 등장했고, 물리학자는 노벨상 초창기부터 존재해오다(마리 퀴리가 물리학자로서 물리학상과 함께 화학상을 받은 대표적인 경우다), 최근 부쩍 수가 늘었다. 1990년대 이후에만 16명이 수상했다. 발명가나 수학자, 기상학자, 정치가 등이 특이한 경우고, 유일하게 'AI 연구자'가 한 명 있는데 바로 올해 수상자 허사비스다. 존 점퍼는 생물학자(계산 생물학자)로 분류됐다.

전반적으로 수상자 중 정통적인 화학자 수는 다소 줄었고, 다른 분야 연구자로 분류된 사람이 화학상을 받는 경우가 늘고 있는 추세가 보인다. 정통 화학을 제외하면 화학 분야의 정체성이 모호해졌기 때문에 벌어진 일일 수 있다. 실제로 과학 분야 트렌드를 주도하는 미국에서는 수년 전부터 대학 화학과가 폐지되거나 이름을 융합 전공으로 바꾸는 사례가 늘고 있다. 미국화학회ACS가 운영하는 화학 및 공학 분야 온라인 미디어 《c&en》의 2024년 10월 21일 기사에 따르면, 미국은 신종 코로나바이러스 감염증(코로나19) 봉쇄 이후 복귀하지 않은 학생이 증가하고 교육비가 상승하면서 소형 대학을 중심으로 학교가 문을 닫거나 화학과를 폐지하는 사례가 이어지고 있다. 《c&en》 분석에 따르면, 미국 내 화학 학부를 둔 대학의 수는 2019년 최고치를 기록한 뒤 감소 중이다. 지난해에만 웨스트 버지니아대 등 최소 네 곳이 화학과 신입생 입학을 중단했으며 학부생 등록률은 무려 23%가 하락했다. 생물학과 학부생 등록률 감소 비율 (-3.77%)이나 전체 학부생 등록 감소 비율(-3.2%)의 6~7배가 넘는다. 《c&en》은 앞으로의 전망도 어둡다고 분석했다. 2007년 이후 출생률 감소의 영향으로 앞으로 대학 신입생이 더욱 줄어들 것으로 예측되며, 더 많은 대학과 학과가 사라질 것으로 추정됐다. 실험과 계측 때문에 비용이 많이 들고 폐기물과 안전 문제가 있으며 고급 수학을 수강해야 하는 화학과는 이런 추세에 가장 큰 피해를 보고 있다.

노벨 화학상에 다른 분야 전문가의 수상이 늘고 있는 추세는 이 같은 화학과의 위기를 반영한 결과일 수 있다. 하지만 반대로, 화학이 친화력을 발휘해 다른 분야와의 교류를 적극 늘리며 시대에 적응하는 과정이라고 해석할 수도 있다. 물론 위기를 타파하기 위한 시도라는 점은 마찬가지지만, 무기력하게 사라지는 대신, 다른 학문과 교류하고 융합하며 변화하고 있다는 해석이다. 어느 해석이 맞을지는 두고 볼 일이다.

생리의학상 - 무수한 세부 분야, 유행 따라 역동적인 변화

생리의학상은 물리학상과 양상이 반대다. 가장 다양한 전공 분야로 세분화돼 있다. 하지만 동시에 공유하는 특징이 가장 많고 일관돼 있다. 세부 분야의 변화도 많아 가장 역동적이다. 우선 다양성이 매우 크다. 수상자를 부르는 이름이 많다. 물리학자는 입자를 연구하든 반도체를 연구하든 빛을 연구하든 다 물리학자로 불린다. 세부 분과가 없는 것은 아니지만, 그래봐야 'XX 물리학자'다. 그래서인지 위키백과의 항목도 물리학자로만 부르는 경우가 대부분이다.

하지만 생리의학상 수상자들은 다르다. 세부분과 별로 모두 부르는 이름이 따로 있다. 동물학자, 생리학자, 유전학자, 분자생물학자, 면역학자, 미생물학자 등으로 기록돼 있고, 약학자, 신경과학자도 있다. 의사도 소아과의사, 내과의사, 외과의사, 안과의사를 따로 분류하고, 기초의학 연구자인 혈액학자도 언급돼 있다. 그런데 따지고 보면 모두 사람과 동식물, 미생물의 생명 원리를 다룬다는 점에서는 공통점이 있다. 연구 방법론도 여럿 공유한다. 그런 점에서, 부르는 이름은 각기 달라도 생명과 건강을 다룬다는 학문의 특색은 가장 뚜렷하다.

트렌드를 보기 위해 세부 의학 분야를 최대한 한데 묶고, 기초 생명과학이나 의과학도 몇몇을 묶어 분류해 살펴보니 역동성이 보였다. 초반에는 생명과학자가 아닌 의사, 의학자(40명)들이 노벨상을 수상했다. 생리학자(26명)라는, 요즘은 잘 쓰지 않는 명칭의 수상자도 여럿이었다. 전체적으로 229명 중 66명(29%)이 의사와 생리학자였다. 이 분야 이름이 '생리의학상'인 이유다.

하지만 최근에는 이 분야 수상자가 상대적으로 줄었고, 기초의학과 생명과학 분야 연구자의 수상이 늘었다. 특히 분자생물학과 유전학, 면역학자의 수상이 늘었다(총 79명, 34%). 주로 1950년대 이후에 수상했는데, DNA의 구조 발견 이후 발전했음을 알 수 있다. 생화학(41명, 18%)도 많은 수상자를 배출한 분야다. 20세기 초중반부터는 약학(13명, 6%)도 꾸준히 수상하고 있다. 1960년대 이후로는 물리학자(생물물리학자, 5%), 1970년대 이후로는 새롭게 신경과학자(7%)의 수상도 늘었다.

생리의학상은 화학상과 반대로, 다양한 인접 분야 연구자를 빨아들이며 다양해지고 있다고 해석할 수 있다. 실제로 화학과와 정 반대로, 미국 내 생명과학 분야 학부생 수는 오히려 늘고 있다. 전체 미국 학부생 수가 감소세인 추세와도 정 반대다. 그만큼 사람도 몰리고 분야도 확장하는 중이다. 이런 경향이 노벨상 수상자의 분야에서도 드러나고 있다.

생리의학상 수상 분야는 인류 역사와 함께한 오랜 분야인 의학에서 출발했지만, 점차 화학이라는 언어와 다양한 기술을 채택하면서 복잡하게 세분화되고 있다. 그렇다 보니 이제는 이름이 생리의학일 필요가 있을지 의문도 든다. 하지만 수상자 면면을 보면 결국 다 인류의 생명과 건강을 위한 연구라는 공통점을 가진다. 의학과 생명과학, 나아가 약학과 생화학 등 인접 학문이 모이는 큰 물줄기를 형성하고 있다는 뜻이다.

노벨상의 분야가 점차 다양해지고 경계가 모호해지는 것은 최근 과학 연구의 경향을 반영하고 있기 때문일 것이다. 공동 연구가 많아졌고, 분야를 가로지르는 다른 전문가와의 협업이 중요해지고 있다. 과거에는 낯선 조합의 전문 분야가 모여 새로운 연구 성과를 내기도 한다. 어쩌면 120여 년을 이어온 노벨상의 전통적 분야 구분이 오늘날의 협력적 과학 분야 연구 경향을 반영하지 못하고 있는지도 모른다. 언제쯤 변화가 찾아올까 지켜보는 것도 노벨상을 즐기는 또 다른 방법일지 모르겠다. EPI

인공지능이 원전 르네상스를 이끌까?

갓
ANSIBLE

뉴스
NEWS

→과학뉴스 전망대

오철우

한밭대학교, 대구경북과학기술원 강사.
한겨레신문 과학전문기자였다.

마이크로소프트가 스리마일섬 원전을 다시 가동해 자사의 데이터센터에 대규모 전력을 공급하겠다는 계획을 발표했다. 구글과 아마존은 차세대 원전으로 불리는 소형 모듈 원전SMR을 활용해 전력을 공급하는 계획을 발표했다. 인공지능 작동에 필요한 대형 데이터센터가 과열하지 않도록 냉각하려면 많은 전기가 필요한데, 급증하는 에너지 수요를 원전 가동으로 충당하겠다는 것이다. 정보기술 대기업(빅테크)들이 인공지능과 데이터센터의 전력 공급원으로 원전을 선택하고 나서면서, 동떨어져 있던 주제어인 인공지능과 원자력발전이 하나의 이슈로 이어지고 있다. 또한 인공지능이 기후 문제 해결에 기여한다는 기존의 이미지와 달리 친환경 에너지전환 시대에 걸맞은 역할을 하고 있는지에 새삼 의문을 불러일으킨다.

'기후 위기 솔루션'? '전기 먹는 하마'?

인공지능은 기후 위기 대응에 도움을 주는 21세기 기술로 인식된다. 2024년 6월 4일 아제르바이잔에서 열린 바쿠 에너지 위크 회의에서, 제28차 유엔기후변화협약 당사국총회COP28 의장국인 아랍에미리트의 알 자베르 의장은 "에너지 전환의 가속화, 신흥 시장과 지구 남반구의 부상과 더불어 인공지능의 성장은 우리 미래를 만드는 세 가지 거대 트렌드 중 하나"라며 에너지 수요 증가를 지속 가능하게 충족하면서 탈탄소를 추진하기 위한 인공지능

도입 가속화에 더욱 긴밀히 협력하자고 촉구했다.[1)]

인공지능이 기후 위기를 해결하는 데 기여하는 사례는 여럿 있다. 극한 기상과 빙산의 변화를 추적하고 숲의 탄소 흡수 능력을 계산하며 홍수 재난을 예측하고 경고하는 데 도움을 주고, 방대한 데이터를 계산해 숲을 어떻게 재건하는 게 좋을지 계획하는 일을 도울 수 있다. 바다에서 플라스틱 오염을 효과적으로 제거하는 데 인공지능을 활용할 수 있으며, 물과 비료, 농약의 적정 사용량을 계산해 농업 효율성을 높일 수 있다. 건물 설계와 제어를 최적화해 건물의 전기 소비를 줄이고, 극도로 복잡한 전력망을 실시간으로 관리하며 에너지 수요와 공급을 맞추는 등 에너지 낭비와 탄소 배출을 줄이는 데 인공지능이 여러모로 좋은 솔루션을 제공할 수 있다.

그런데 최근 기후 위기 해결에 기여하는 인공지능에 반하는 사례가 드러나고 있다. 무엇보다 인공지능이 막대한 에너지를 사용하는 기술임이 여러 보고를 통해 알려졌다. 미국 스탠퍼드대학 인공지능연구소가 펴낸 《인공지능 인덱스 보고서》에 따르면, 챗지피티chatGPT의 기초모델인 GPT-3을 훈련시키는 데 1,287메가와트시MWh의 전기가 소비되며 이로 인한 탄소 배출량은 502톤에 이르는 것으로 추정되었다.[2)] 이는 평균적인 미국인이 1년 동안 배출하는 탄소량의 약 27배에 해당한다. 인공지능에 꼭 필요한 데이터센터를 유지하는 데에도 많은 전기와 냉각수가 소비된다. 미국 리버사이드 캘리포니아대학 연구진은 챗지피티와 25~50개의 문답을 주고받는 데 물 0.5리터가 소모된다는 계산 결과를 발표하기도 했다. GPT-3 모델을 2주간 훈련시키는 데 필요한 물의 양은 70만 리터에 달한다.3)

문제는 다가올 인공지능 시대의 데이터센터는 더 많은 에너지를 필요로 한다는 점이다. 국제에너지기구IEA의 《에너지 전망 2024 보고서》에 따르면, 보통 규모 데이터센터의 전력 수요는 5~10메가와트MW이지만 초대형의 경우는 100메가와트가 넘는데, 이는 연간 전력 소비량 기준 35만~40만 대의 전기자동차 전력 수요에 맞먹는 수치라고 한다.4) IEA의 다른 자료에 따르면, 2022년 무렵부터 데이터센터 투자액이 가파르게 증가해, 미국, 중국, 유럽연합을 중심으로 세계에 11,000개가 넘는 데이터센터가 등록된 것으로 알려진다.5) 국내에서도 2023년 기준으로 153개 데이터센터가 운영되고 있다.6)

데이터센터가 인공지능만을 위한 시설은 아니다. 컴퓨터, 스마트기기, 사물인터넷, 이메일, 인터넷 검색, 금융 거래, 화상회의, 호텔 예약, 배달 주문 등 우리의 일상에서

하는 많은 일들이 이루어지는 동안 무수한 데이터 생산, 저장, 처리가 이뤄지는데, 이를 위해서도 데이터센터가 필요하다. 여기에 최근 몇 년 새 인공지능 산업이 급격히 성장하면서 데이터센터가 더 많이 필요해졌고, 그로 인한 전력 소비량도 높아지고 있다. 이렇게 인공지능 산업의 '전기 먹는 하마'가 빠르게 성장하면서, 전력 고갈 문제가 닥칠 수 있다는 경고도 여기저기에서 제기되고 있다.[7] 이런 상황에서 구글을 비롯한 정보기술 대기업들이 인공지능과 데이터센터에 필요한 막대한 전력량을 확보하기 위해 원전 관련 기업들과 손을 잡는 일이 부쩍 늘어나고 있다.

인공지능과 원전, 함께 손을 잡다

2024년 9월 마이크로소프트는 원전 기업 콘스텔레이션 에너지Constellation Energy와 가동정지 중인 펜실베이니아 스리마일섬 원전의 원자로 1호기를 2028년에 재가동하기로 합의했다.[8] 스리마일섬 원전은 1979년 3월 심각한 원자로 붕괴 사고가 일어났던 곳이다. 1호기가 사고 원자로는 아니지만 2019년 9월 폐쇄됐다가 5년 만에 부활하는 셈이다.

10월 중순에는 차세대 원전 기술인 소형 모듈 원전SMR을 활용하는 사업 계획이 잇달아 발표됐다. 구글은 "탄소 없는 에너지 사용을 위해" 에너지 기업 카이로스 파워

Kairos Power가 개발 중인 SMR을 활용해 생산한 전기를 구매하기로 했다. "SMR의 핵에너지를 구매하는 세계 최초의 기업 간 계약"이라고 설명한 구글은 첫 번째 SMR을 2030년에 가동할 예정이라고 밝혔다.[9] 비슷한 시기에 아마존은 "핵은 탄소 없는 안전한 에너지원"이라며, SMR 개발사인 엑스-에너지X-Energy에 약 5억 달러를 투자하고 SMR을 통해 생산되는 에너지를 사용하기 위해 원전 운영 기업들과 여러 건의 계약을 맺었다고 발표했다.[10]

소형 모듈 원전은 아직 상용화되지 않은 차세대 기술이지만, 원전 산업계는 SMR이 대형 원자로의 10분의 1 내지 4분의 1 규모로 작아 건설과 설치가 싸고 쉬우며 더 안전하다고 널리 홍보하고 있다. 모듈 조립으로 건설하는 방식이라 조립품 생산 단가를 줄일 수 있고 전력 수요에 맞춰 모듈을 몇 개씩 묶어 발전시설을 구성할 수 있다는 장점이 부각돼 왔다. 하지만 개발 중인 SMR이 상업 운전 시작 전에 넘어야 할 문제는 아직 여럿이 있고, 특히 핵폐기물의 안전한 처리 방안이 확립되지 않은 상황에서 소형 원전의 상업화가 새로운 문제를 낳을 것이라는 우려와 비판도 제기되고 있다. 우리나라에서는 혁신형 SMR 개발 사업이 지난해부터 국가사업으로 시행되고 있다. 2025년까지 표준설계를 완성하고 2028년까지

인허가를 얻어 2031년 상업 운전을 시작한다는 목표로 추진된다.11)

기술 대기업들의 원전 활용은 그동안 추진해온 에너지 수급 계획과는 다른 방향 전환으로 받아들여진다. 기술 대기업들은 기후 위기에 대처하는 탈탄소 전략에 발맞춰 태양광과 풍력 같은 재생에너지 발전 분야에 큰 관심을 기울이며 투자를 해왔다. 하지만 인공지능 산업에 필요한 에너지 규모가 급증하자, 탈탄소 전략으로서 원전으로 눈을 돌리기 시작한 것이다. 《뉴욕타임스》는 기업들의 방향 전환이 미국 행정부의 정책 변화와 함께 이뤄지고 있다고 지적했다.12) 전통적으로 원전에 비판적이고 회의적이었던 민주당과 바이든 행정부는 최근 원전 개발을 촉진하는 법안을 공화당과 함께 의회에서 통과시키고 대통령 서명을 마쳤다. 이런 정책 변화는 미국 정치권이 온실가스 감축 목표를 이루는 데 원전을 중요 수단으로 간주하기 시작한 게 아니냐는 해석을 낳는다.

"인공지능의 허세와 아이러니"

원전을 활용하는 정보기술 대기업들의 방향 전환은 언론의 큰 관심을 끄는 가운데 일부 매체는 우려와 비판의 목소리를 전했다. 독일 녹색당의 하인리히 뵐 재단이 발행하는 환경매체 《에너지전환》에서 환경저널리스트인 세덴 안라는 "인공지능이 지구 구하기에 도움을 준다고 허세hype를 떨지만, 현실에서 인공지능 기술과 관련 산업은 그 반대 방향으로 나아가고 있다"라고 비판했다.13) 그는 수많은 데이터센터에 엄청난 양의 전기와 물이 소비되는 현실을 지적한다. "지속가능한 전력으로 유지할 수 없는 인공지능 기술에 의존해서, 인공지능이 일으키는 에너지 문제를 인공지능이 해결해 주리라고 기대하는 것은 아이러니가 아닌가"라고 묻는 그는 "인공지능이 진정한 답인지 거짓 구세주에 불과한지 의문을 제기해야 할 때"라고 주장했다.

미국 비영리 과학저널리즘 매체 《언다크Undark》에 기고한 글에서 사회문화 인류학자 스테파니 팔라졸로는 스리마일섬 원자로 재가동 계획을 크게 우려했다. 그는 "표면적으로는 핵에너지가 인공지능의 엄청난 에너지 수요를 충족시키는 탄소 없는 안정적 에너지원처럼 보인다. 하지만 이런 기대와 달리, 기적을 약속하면서 환경과 인간에 큰 비용을 안기는 21세기 기술에다 전력을 공급하기 위해서 죽어가는 위험한 20세기 기술을 다시 살려내는 일은 아이러니"라고 비판했다.14)

인공지능 기업들이 지원하고 나선 소형 모듈 원전의 개발과 상업화에 대한 비판도 있다. 미국의 과학자단체 '우려하는 과학자연합Union of Concerned Scientists'의 물리학자 에드윈 라이먼은 《네이처》와의 인터뷰에서 "(SMR과 관련한) 홍보가 과속으로 치닫고 있다"면서 차세대 원전의 과대 선전을 경계하고 안전성을 따져봐야 한다고 주장했다.[15] 그는 일부 미국 기업들이 개발하는 SMR의 운전과 냉각 방식을 검토하면서 원자로의 위험이 충분히 해결되지 않았다고 지적한다. 특히 일부 SMR의 방식에서는 우라늄-235의 농축 수준이 10~20%에 달하는 '고순도 저농축 우라늄HALEU'을 연료로 사용하는데, "추가 농축 없이도 수백 킬로그램의 HALEU로 폭탄을 만들 수 있다"고 경고했다. 《네이처》는 원자로가 작아지면서 원자로 내부 연료에 다 흡수되지 못한 채 떠도는 중성자의 누출이 늘어나 방사능 위험이 커질 수 있다는 다른 전문가의 우려도 함께 전했다.

지금의 문제는 현재 에너지 시스템이 인공지능 산업이 요구하는 막대한 에너지 수요를 감당하기 어려운 데서 비롯된 것으로 보인다. 물론 에너지 소비를 크게 줄여주는 컴퓨터칩 기술이 개발되거나 인공지능 소프트웨어의 에너지 소비 효율이 개선된다면 사정은 달라질 수 있다. 또는 재생에너지 발전의 증가 속도나 전력망 관리 시스템의 효율화가 상황을 바꿀 수도 있다. 하지만 에너지 수급 불일치는 당장 풀기 어렵고 기술 대기업의 원전 활용 전략도 쉽게 바뀌지 않을 것으로 보여, 기후 위기 시대 인공지능의 에너지 문제는 지속적인 논란이 될 것으로 전망된다. 미래는 불확실하지만 적어도 확실한 것은 그동안 별개의 주제어였던 '인공지능과

핵에너지'가 기후 위기 시대에 하나의 주요한 문제이자 과제로 떠올랐다는 점이다. EPI

1 COP28 UAE, "COP28 Presidency calls for global effort to leverage the rise of AI, the energy transition and the growth of the Global South to accelerate sustainable development for all," Jun. 4, 2024. https://www.cop28.com/en/news/2024/06/COP28-Presidency-calls-for-global-effort-to-leverage-the-rise-of-AI

2 곽노필, "대화 한 번에 '생수 한 병씩'… 챗GPT의 불편한 진실", 《한겨레》, 2024.06.29. https://www.hani.co.kr/arti/science/technology/1090180.html

3 David Danelski, "AI programs consume large volumes of scarce water," UC Riverside News, Apr. 28, 2023. https://news.ucr.edu/articles/2023/04/28/ai-programs-consume-large-volumes-scarce-water

4 Thomas Spencer and Siddharth Singh, "What the data centre and AI boom could mean for the energy sector," IEA 50, Oct. 18, 2024. https://www.iea.org/commentaries/what-the-data-centre-and-ai-boom-could-mean-for-the-energy-sector

5 ibid.

6 방은주, "국내 데이터센터 153곳…민간 매출 규모 3.9조", 《지디넷》, 2024.07.02. https://zdnet.co.kr/view/?no=20240702163414

7 박현익, "AI는 '전기 먹는 하마'… "당장 내년부터 전력 고갈" 우려", 《동아일보》, 2024.08.03. https://www.donga.com/news/Economy/article/all/20240802/126293903/2

8 Ivan Penn and Karen Weise, "Hungry for Energy, Amazon, Google and Microsoft Turn to Nuclear Power," The New York Times, Oct. 16, 2024. https://www.nytimes.com/2024/10/16/business/energy-environment/amazon-google-microsoft-nuclear-energy.html

9 Google, "New nuclear clean energy agreement with Kairos Power," Oct. 14, 2024. https://blog.google/outreach-initiatives/sustainability/google-kairos-power-nuclear-energy-agreement/

10 Amazon, "Amazon signs agreements for innovative nuclear energy projects to address growing energy demands," Oct. 16, 2024. https://www.aboutamazon.com/news/sustainability/amazon-nuclear-small-modular-reactor-net-carbon-zero

11 이종호, "기후위기 시대 준비하는 스마트 에너지원, 소형모듈원전(SMR)", 대한민국 정책 브리핑, 2024.09.09. https://www2.korea.kr/news/contributePolicyView.

12 Ivan Penn and Karen Weise, op. cit.

13 Seden Anlar, "How AI is fuelling the climate crisis, not solving it," Energy Transition, Oct. 22, 2024. https://energytransition.org/2024/10/how-ai-is-fuelling-the-climate-crisis-not-solving-it/

14 Stephanie Palazzo, "The Irony of Powering AI on Atomic Energy," Undark, Oct. 17, 2024. https://undark.org/2024/10/17/opinion-irony-of-powering-ai-on-atomic-energy/

15 Davide Castelvecchi, "Will AI's huge energy demands spur a nuclear renaissance?", Nature, Oct. 25. 2024. https://www.nature.com/articles/d41586-024-03490-3

올겨울 기온을 '콕' 찍을 수 없는 이유

갓
ANSIBLE

뉴스
NEWS

→글로벌 기후리포트

신방실

KBS 기상과학전문기자. 연세대학교에서 수학과 대기과학을 공부했다. 미국 항공우주국(NASA)의 여러 연구소와 미 국립해양대기청(NOAA), 나로호·누리호 발사, 천리안2A 발사 현장을 취재했다. 2022년 여름 북극에 다녀와 시사기획 창 〈고장난 심장, 북극의 경고〉를 제작했다. 지은 책으로는 『되돌릴 수 없는 미래』, 『이토록 불편한 탄소』, 『탄소중립 어떻게 해결할까』, 『세상 모든 것이 과학이야!』, 『나만 잘 살면 왜 안 돼요?』 등이 있다. 2021년 '대한민국 과학기자상' 2022년 '한국방송기자대상' 과학 부문, 2023년 대한민국 녹색기후상 언론부문 우수상을 받았다. 미국 노스캐롤라이나대(UNC) 채플힐의 방문 연구원을 지냈다.

올여름 더위는 지치지 않고 가을까지 뜨겁게 달궜다. 9월 전국 평균기온과 최저기온, 최고기온 모두 1973년 관측 이후 가장 높은 '트리플 크라운'을 기록했다. 9월 폭염일수와 열대야일수도 압도적인 1위를 차지했다. 9월은 계절로 치면 가을인데 처음 겪어보는 폭염과 열대야로 추석 연휴까지 에어컨을 켜야 하는 충격적인 상황이 벌어졌다.

다행히 10월로 달력이 넘어가자 공기가 놀라울 정도로 달라졌다. 북쪽 한기의 남하를 막고 있던 티베트고기압이 물러나고 더운 수증기를 끌어올린 북태평양고기압 역시 수축했기 때문이다. 이렇게 기나긴 폭염의 시간이 끝나고 2024년 공식 기록이 마무리됐다. 전국 평균 폭염일수는 30.1일로 2018년 31일에 이어 역대 2위, 열대야일수는 24.5일로 1994년 16.8일을 넘어서 역대 1위로 말이다. 우리의 기억 속에 2024년은 '역대 최강 무더위'라는 해시태그를 달고 오래도록 남을 것이다. 물론 올해의 기록이 금세 깨진다면 기억도 희미해지겠지만 말이다.

최강 폭염에, 최강 한파? … 첫 번째 변수는 '라니냐'

지난한 더위만큼이나 사람들의 관심은 앞으로 다가올 날씨에 쏠렸다. 때마침 언론에선 올겨울이 기록적으로 추울 거라는 기사가 쏟아졌다. "올여름 40도의 폭염을 예측한 교수가 올겨울 영하 18도의 한파를 예측했다"라는 내용이 복붙한듯

퍼져나갔다. 마치 예언가나 점술가의 말처럼 들렸지만 의외로 파급력은 컸다. 거리에서 인터뷰를 위해 만난 시민들은 너나 할 것 없이 올겨울이 추울 거라고 말했다. 과연 진실은 무엇일까?

일기예보의 유효기간은 짧다. 내일과 모레는 예보 정확도가 높지만, 열흘 뒤를 내다보는 중기예보는 불확실성이 커진다. 이러다 보니 1개월, 3개월 뒤를 예측하는 기상청 장기 전망의 정확도는 기온과 강수량 모두 50% 안팎에 그친다. 다가오는 여름이 더울지, 또 겨울은 추울지 대중은 정확하게 알고 싶어 하지만 그럴 가능성은 아직 저 멀리에 있다는 얘기다. 하물며 최고기온과 최저기온을 점쟁이처럼 콕 찍어서 맞히는 일은 공상영화에 가깝다.

그럼에도 다가올 겨울철 장기예보를 비교적 정확하게 하려면 일단 우리나라 겨울 날씨에 영향을 주는 요소들을 차근차근 살펴봐야 한다. 첫 번째 변수는 열대 바다에 도사리고 있는 라니냐다. 올여름을 기점으로 전 세계는 다시 라니냐 국면에 접어들었다. 적도 중·동태평양의 수온이 평소보다 높아지는 엘니뇨에서 반대의 라니냐로 향해 가고 있는 것이다. 엘니뇨와 라니냐 모두 전 세계 곳곳에 홍수와 가뭄, 폭염과 한파 같은 극단적인 재난을 몰고 온다.

지난 엘니뇨는 2023년 겨울 적도 감시 구역의 해수면 온도가 평년보다 2°C 이상 올라가 '강한 등급'으로 발달했다. 해수면 온도 편차가 0.5~0.9°C 사이면 약한weak 등급, 1~1.5°C는 중간moderate, 1.5°C를 넘어서면 강한strong 등급으로 분류한다. 강도가 강했던 만큼 지구의 평균기온과 해수면 온도 상승에 큰 영향을 미친 것으로 분석된다.

강한 엘니뇨의 바통을 잇게 된 올해 라니냐는 11월부터 내년 1월 사이 절정에 달할 것으로 미 국립해양대기청NOAA은 내다봤다. 우리나라에는 어떤 영향을 미치게 될까? 라니냐 시기에는 적도에서 부는 무역풍이 강해지면서 뜨거운 바닷물을 필리핀 부근 북·서태평양으로 몰고 온다. 그 결과 북·서태평양의 대류 활동이 활발해지며 한반도 동쪽에 거대한 저기압이 자리 잡게 된다. 우리나라에는 저기압이 동반한 시계 반대 방향 순환을 따라 차고 건조한 북풍이 불어온다. 특히 라니냐는 겨울의 초입인 11월과 12월에 추위를 몰고 오는 경향이 있다.

이번 라니냐가 얼마가 강하게 발달할 것인지도 살펴봐야 한다. 지난 엘니뇨 이후 라니냐로 전환될 거라는 예상은 이미 올해 초에 나왔다. 그러나 라니냐의 시작을 여름에야 선언할 정도로 늦어진 것은 앞으로 라니냐 발달 정도가 약할 수 있다는 의미이기도 하다. 실제로 NOAA는 이번 라니냐를

'약한 등급'으로 예상하고 있다. 그만큼 라니냐가 바다와 대기의 순환을 뒤바꿔 놓는 힘도 약할 수밖에 없다. 따라서 라니냐의 영향으로 우리나라에 추위가 일찍 찾아올 가능성은 있지만 겨울철 내내 추울지는 미지수다. 겨울 날씨를 결정짓는 수많은 변수들이 작용하는 가운데 약한 라니냐가 11~12월 절정기를 지나 내년 초까지 힘을 쓸지 불확실하기 때문이다.

올겨울 북극 한파 우리나라 겨냥할까?

해마다 9월이 되면 미 국립빙설데이터센터National Snow and Ice Data Center의 사이트에 들락거린다. 북극의 해빙sea ice이 얼마나 줄었는지 확인하기 위해서다. 올해는 9월 11일 북극 해빙 면적이 428만km²에 도달해 최소를 기록했다. 1979년 위성 관측을 시작한 이후 7번째였다. 지금까지 가장 많은 해빙이 녹은 해는 2012년이고 2020년이 그 뒤를 잇고 있다. 우려스럽게도 북극 해빙이 가장 많이 사라진 해는 2007년부터 2024년에 이르는 최근 18년 사이에 몰려있다. 북극 해빙이 많이 녹았다는 소식은 그래서 더 이상 놀랍지 않다. 2007년 이후 해마다 오래된 북극의 얼음과 작별하고 있는 셈이니 말이다.

북극의 해빙이 사라진다는 이야기는 북반구 중위도에 겨울 한파를 불러올 수 있어 촉각을 곤두세울 수밖에 없다. 특히 한반도에 영향을 많이 주는 곳은 북극에서도 바렌츠-

카라해로 지목된다. 그런데 올여름에도 바렌츠-카라해에서 많은 양의 얼음이 사라졌다. 북극발 한파가 만들어지기에 충분한 조건이라는 뜻이다.

북극의 한기가 대기 순환에 실려 우리나라에 오기까지 넘어야 할 산이 많다. 어느 해에는 한강이 얼어붙을 정도로 북극발 한파가 매섭다가도 어느 해에는 우리나라만 쏙 피해 가기도 한다. 가장 큰 이유는 우리나라 면적이 작기 때문이다. 미국을 보면 해마다 북동부든, 중부든, 서부든 혹한이 닥치곤 한다. 그러나 우리는 정통으로 한파를 맞을 수도 있지만 유라시아나 북미 대륙과 비교하면 그 확률이 작을 수밖에 없다. 결론을 짓자면 올해 북극 해빙 상황은 언제든지 북반구에 혹한을 불러올 변수로 작용하겠지만 한기가 우리나라로 직행할지는 속단할 수 없다.

라니냐와 북극 해빙 말고도 우리나라 겨울 날씨에 영향을 주는 변수는 더 있다. 사실 엘니뇨-라니냐의 영향은 적도 태평양 인접국과 비교하면 '새 발의 피'라고 볼 수 있다. 오히려 북태평양의 해수면 온도가 10년 주기로 변화하는 현상인 'PDOPacific Decadal Oscillation'에 주목해야 할지 모른다. 북태평양의 해수면 온도가 평소보다 낮아져 PDO 지수가 음의 값을 갖게 되면 우리나라는 추운 겨울이 닥친다. 유라시아 대륙의 '눈덮임Snow Cover' 면적 역시 겨울 날씨의 직접적인 변수다. 눈이 많이 내릴수록 햇볕을 반사해 시베리아 고기압을 강화하므로 우리나라에 타격을 미친다. 태평양 인도양·북대서양의 수온과 그로 인한 대기 순환의 변화도 여름, 겨울 가리지 않고 한반도에 영향을 주고 있다.

문제는 나날이 새로운 변수가 발견되고 있는 데다 여러 변수를 대입해 계산한 결과가 그리 만족스럽지 않다는 점이다. 열대 바다와 북극, 유라시아 대륙, 인도양, 북대서양까지 주요 변수만 해도 5개인데 서로의 영향을 증폭하거나 상쇄한다는 점도 고려해야 한다. 미국을 예로 들면 동남부는 라니냐 시기에 따뜻하고 건조한 겨울이 찾아오는데 만약 북극발 한기가 거세게 밀려오면 단번에 판을 뒤집어 버릴 수 있다. 북극이 적도의 영향을 상쇄하기 때문이다. 서로 다른 변수들이 어떻게 작용할지 정확하게 예측하는 건 미국이나 유럽 등 예보 선진국이라 해도 여전히 어려운 일이다.

절대 변수는 '기후 위기', 2024년 역대 가장 더운 해?

여기서 끝이 아니다. 인류가 초래한 가장 강력한 변수인 기후 위기가 남아있기 때문이다. 2023년은 뜨거운 열기를 몰고 오는 엘니뇨에 기후 위기까지 겹치면서 전 지구 평균기온이 사상 최고치로 치솟았다. 그런데 올해 들어 엘니뇨에서 라니냐로 전환됐지만 대기와 바다의 열기는 식을 줄 모르고 있다. 이미 올해 2024년이 '1.5도 온난화'를 넘어서 인류

역사상 가장 뜨거운 한 해가 될 거라는 전망이 나오고 있다. 인위적인 기후 변화가 자연 변동인 엘니뇨와 라니냐의 영향을 초월했다는 뜻이다. 꺾일 줄 모르는 지구 가열은 우리가 맞게 될 겨울 날씨의 절대 변수로 작용하며 다른 변수들을 지워가고 있다. 앞으로 장기 기상 전망은 점점 더 어려워질 수밖에 없다.

올겨울, 누군가의 예상대로 기록적인 추위가 온다면 여름 폭염이 조금은 그리워질지 모른다. 반대로 지구 가열을 체감할 만큼 따뜻한 겨울이 될 수도 있다. 눈 대신 폭우가 쏟아지는 겨울을 우리는 지난해에 경험했다. 그러나 확실한 것은 겨울철 평균기온이 지난 109년간(1912~2020년) 10년에 0.24 비율로 상승하고 있다는 점이다. 기후를 지배하는 가장 강력한 변수가 된 기후 위기를 해소하지 못한다면 겨울 날씨를 족집게처럼 내다보는 일은 영원한 난제로 남을지 모른다. EPI

터

'터'는 사건의 조건이고 바탕입니다.
과학도 사람들 사이의 관계와 물리적
조건이라는 '터' 위에서 일어납니다.
에피는 과학의 주변과 곁이 되어주는 문화
현상에 관심을 가지고 알리고 있습니다.
이런 내용을 담은 글을 '터'로 묶었습니다.
'터(Foundation)'는 아이작 아시모프의
소설 제목이기도 합니다.

여러 국가가 상업적 용도의 화학 살충제 승인에 대해 결정을 내리고자 할 때, 과학은 국제적이기 때문에 그들은 동일한 과학에 접근할 수 있어요. 그러나 각각의 국가는 같은 과학적 연구 결과로 서로 다른 결정을 하게 됩니다.

『과학에 도전하는 과학』 브뤼노 라투르 외 지음, 홍성욱 외 옮김, p.207. 이음.

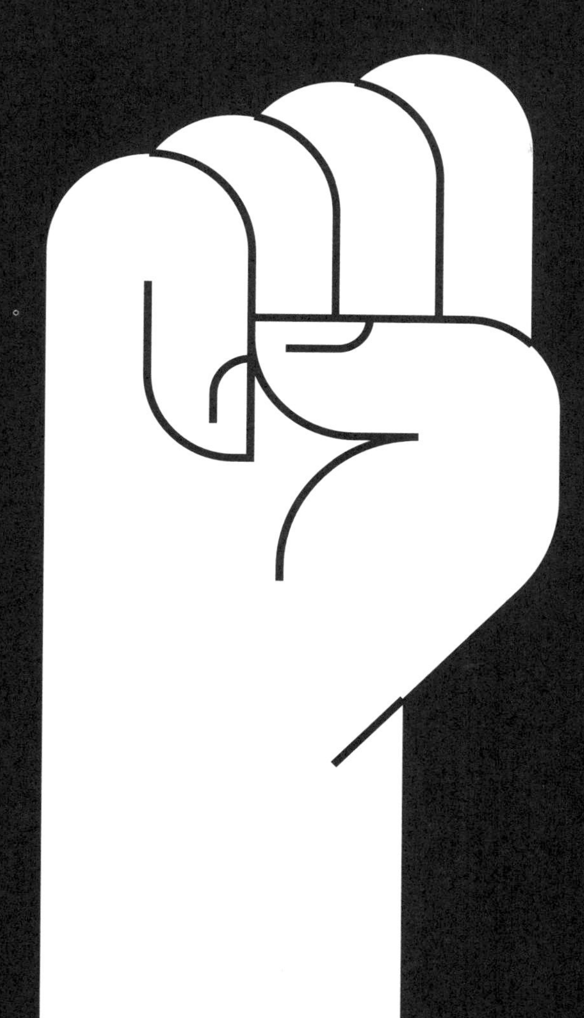

나는 일일이 과학자들의 지지 없이는 성공하지 못할 것이라고 믿고 있다. 죽음의 상인에게 몸을 팔아먹은 과학자들이 그릇된 발표를 할 때 이를 타파하려면 권위 있는 반론이 있어야 하는데 이것을 할 수 있는 사람은 과학자들뿐이다. 만약 이해를 요한 과학자들이 입을 열지 않는다면 과학자들이 그릇된 인상을 전하는 데 성공할 것이다. 오늘날의 개인의 행동에는 예전에 없던 장해가 있다는 것을 인정하지 않으면 안 된다.

버트랜트 럿셀, "과학의 힘과 과학자의 의무" 중에서.
《경향신문》 1961년 5월 23일, 4면.

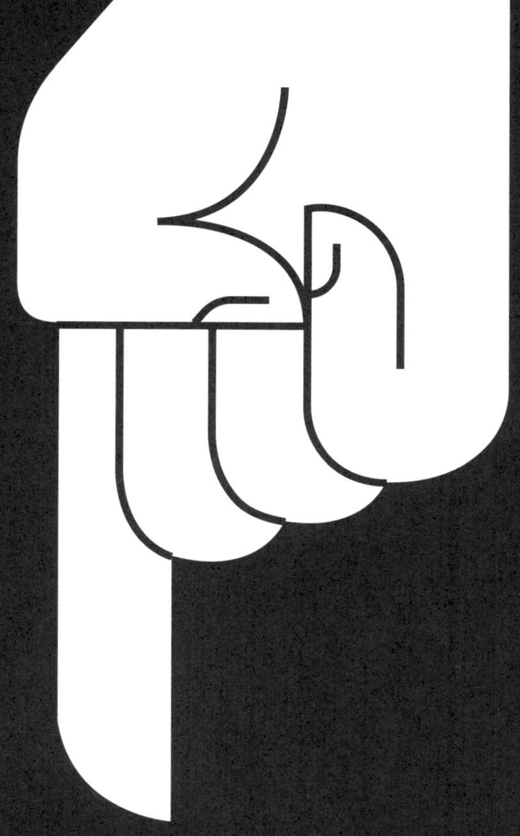

가상의 세계에서 우리는 어디까지 갈 수 있을까

터
FOUNDATION

컬처
CULTURE

→현대미술, 과학을 분광하다

이다민

분석미학자. 서울대학교 인문학연구원에서 선임연구원으로 재직 중이며, 게임과 가상현실, 미적 감수성에 관해 연구하고 있다. 「실패 기계: 컴퓨터게임 경험의 가치에 관하여」(2023), 「게임 속 소아성애와 살인의 차이는 무엇인가?: 게이머의 딜레마에 관한 미학적 고찰」(2024), 「가상현실은 공감 기계인가?」(2024) 등의 학술논문을 출판했다.

예술을 사랑하는 데에는 각자의 이유들이 있겠지만 내 생각에는 현실에서 벗어나고 싶은 욕구가 특히 큰 비중을 차지할 것 같다. 우리는 예술로부터 몰입적 경험을 얻기를 기대한다. 좋은 회화, 문학, 음악 작품이 주는 몰입적 경험이란 우리 자신이 살고 있는 현실을 떠나 예술작품이 열어 주는 이세계異世界로 전이되는 것 같은 경험이다.

이런 관점에서 가상현실은 예술에 있어 최고의 매체처럼 보인다. 프랑스의 시인이자 연출가인 앙토냉 아르토Antonin Artaud는 연극이 '가상적 현실la réalité virtuelle'을 통해 관객의 정신을 '납에서 금으로' 바꾼다고 말한 바 있다.1) 물론 아르토가 메타 퀘스트나 애플 비전프로를 염두에 두었을 리 없지만, 그가 가상현실이라는 표현을 사용했다는 사실은 대안적 현실을 상상해 온 예술의 오래된 욕구를 시사함과 동시에 현대의 VR 기술이 그 욕구를 실현해 줄 최선의 수단이리라는 생각에 무게를 실어 준다.

가상현실은 분명, 소설이나 연극 같은 전통적 예술 양식과 완전히 다른 방식으로 감상자에게 대안적 현실을 보여 준다. HMDhead mounted display를 쓰는 순간 사용자는 현실로부터 차단되어 가상 세계로 들어가게 된다. 소설가나 영화감독들은 감상자에게 전이의 경험을 주기 위해 상당한 노력을 기울여야 했지만 VR 예술의 경우에는 훨씬 쉬울지도 모른다. HMD를 쓰는 것만으로 감상자는 거의 자동적으로 새로운 세계로 전이될 수 있기 때문이다.

가상현실은 정말로 예술이 오랫동안 꿈꿔 왔던 현실에서의 탈출, 이세계로의 전이라는 희망을 실현하는 기술적 성취일까? 이 질문에 답하는 여러 관점이 있을 수 있다. 예를 들어 가상현실 기업 경영자나, 가상현실 기술을 연구·개발하는 과학자들에게 답을 구할 수도 있을 것이다. 그러나 나는 이 질문을 **철학적 관점**에서 다루어 보고자 한다.

이 물음을 철학적인 방식으로 검토한다는 것은, 유명한 (그리고 죽은) 철학자들의 이론을 줄줄이 늘어놓고 그중 가상현실에 적용할 만한 그럴싸한 설명이 있는지 살펴본다는 뜻이 아니다. 불행하게도, 철학자들이 하는 일은 과거의 문헌을 뒤져서 난해한 이론들을 발굴하는 것이라는 오해가 만연하다. 그러나 고래로 철학자들이 주요한 과업으로 삼아 온 일은 비판적 사유였다. 비판적 사유란 우리가 당연하게 받아들이는 관념들이 정말로 당연히 참인가에 관해 진지하고 치밀하게 의심을 제기하는 일을 말한다.

따라서 가상현실을 철학적 관점에서 본다는 것은 가상현실에 대한 수많은 검토되지 않은 믿음들을 드러내고 의심하는 일이 된다. 예를 들어 '가상현실은 현실을 넘어서게 해 준다'라는 진술은 언뜻 당연히 맞는 말처럼 보이지만, 실은 해명되지 않은 많은 전제들을 품고 있다. 가상현실이 넘어서게 해 주는 '현실'이란 무엇인가? 가상현실은 왜 '가상적' 현실인가? 가상현실이 현실을

'넘어서게 해 준다'는 것은 구체적으로 어떤 의미인가? 이러한 하위 물음들을 고려하지 않는다면, 가상현실이 이세계를 열어 준다는 진술은 근거 없는 선언에 불과하다.

이 선언이 별다른 비판적 검토 없이 받아들여짐으로써 적어도 두 종류의 우려스러운 태도가 나타난다. 먼저, 혹자는 가상 세계가 현실을 넘어선 이세계라는 관념으로부터 가상 세계에는 현실의 도덕적 규범이 적용될 수 없다는 결론을 이끌어낸다. 이러한 태도는 '무도덕주의amoralism'라고 불린다. 무도덕주의자들은 가상 세계가 현실 세계와 격리되어 있으므로 가상적 행위들에 대해서는 도덕적 비판을 가할 수 없다고 주장한다.2) 다른 한편으로, 가상현실이 궁극의 '공감 기계empathy machine'라는 생각도 존재한다.3) 이 생각에 동의하는 이들은 가상현실이 우리의 실제 현실에서 벗어나, 문자 그대로 타인이 되는 경험을 제공할 수 있기에 우리의 공감 능력을 강화할 수 있다고 본다.4)

내가 이 두 태도를 우려스러워하는 것은, 해로운 결과로 이어질 가능성이 있기 때문이다. 무도덕주의는 가상적 비행非行을 일괄적으로 비현실적 행위로 묶어 버림으로써, 다양한 맥락에서 이루어지는 가상적 비행들을 평가하는 윤리적 기준의 가능성을 원천적으로 차단해 버린다. 가상현실이 공감 기계이리라는 기대 역시 가상현실이 현실을 벗어나게 해 준다는 느슨한 생각으로부터 가상현실을 통해 우리가 타인의 입장을 쉽게 이해할 수 있으리라는 결론으로 비약한다. 억만장자들이 VR 다큐멘터리를 감상함으로써 난민의 어려움을 모두 이해했고 그로써 모든 윤리적 책무를 다했다고 생각해 버리는 것이 윤리적으로 바람직한 결과는 아닐 것이다.5)

위 두 입장은 둘 다 '가상현실은 현실을 넘어서게 해 준다'는 진술을 자의적으로 해석한다는 점에서 문제가 있다. 무도덕주의자들에게 이 '현실'은 현실의 가치 체계를 의미한다. 공감 기계 지지자들에게서 '현실'은 우리 자신의 마음을 뜻한다. 그렇다면 가상현실의 반대편에 있는 '현실'의 정체는 과연 무엇인가? 그것은 가치 체계인가, 마음인가, 아니면 제3의 무언가인가? 가상현실 속에서 우리가 할 수 있는 것과 없는 것을 명확하게 구분하기 위해서는 가상현실이 넘어선다고 하는 그 '현실'이 무엇인지, 즉 가상현실이 정확히 어떤 점에서 '현실'과 다른지를 신중하게 해명할 필요가 있다. 이 해명을 제공하는 일은 철학적 과업으로서, 가상현실이 현실과 달리 가지는 가상성virtuality이라는 속성에 대한 철학적 분석을 필요로 한다.

흔히 '가상'은 거짓된 것, 혹은 환영적인 것을 의미한다고 여겨진다. 그렇게 본다면 가상현실은 꿈속 세계와 비슷한 것처럼 보인다. 가상현실 속에서는 현실의 도덕규범을 자유롭게 어기거나, 나 자신을 벗어나서 다른 사람이 될 수 있다는 기대는 가상에 대한 이러한 느슨한 이해에 기초한다. 그러나 가상현실이 반드시 거짓은 아니다. 가상현실 속에서 낚시를 했다고 해서 그 낚시가 꿈속 낚시처럼 없었던 일이 되지는 않듯이 말이다. 그러나 한편으로 가상현실이 실제 현실과 달라 보이는 것도 분명 사실이다. 가상현실 속에서 우리는 절벽에서 뛰어내리거나 우주를 유영하는 것 같은, 현실의 나로서는 할 수 없는 행위들을 한다. 그렇다면 가상현실은 현실과 어떻게 다를까?

이에 대한 나의 제안은, 가상성을 가장된 물리성pretended physicality으로 이해하자는 것이다. 다시 말해서 가상현실이 가상적이라는 것은 가상현실의 세계가 완전히 거짓이거나 환영이라는 의미가 아니라, 실제로는 물리적 세계가 아니지만 마치 물리성을 가지고 있는 것처럼 가장假裝되는 세계라는 의미이다.6)

이 제안을 받아들인다면 가상현실이 넘어서는 '현실'이 무엇인지를 보다 명확하게 이해할 수 있다. 가상현실이 극복하게 해 주는 '현실'은 도덕적 현실도 우리의 자아도 아닌, 다름 아닌 물리적 세계이다. 가상현실 속에서 우리는 물리적 공간의 한계를 극복하며 실제 물리법칙의 지배로부터 비교적 자유로울 수 있다. 현실에서와 달리 가상 세계에서 절벽에서 떨어져도 죽지 않거나 우주 공간을 자유롭게 날아다닐 수 있는 것은 가상 세계가 마치 물리성을 가지는 것처럼 꾸며졌지만, 실제로 현실의 물리성을 공유하지는 않는 세계이기 때문이다. 하지만 그렇다고 해서 가상현실 속에서 우리가 모든 도덕적 한계나 자아의 경계로부터 자유로워지는 것은 아니다. 가상현실이 넘어서게 해 주는 '현실'은 물리적 차원일 뿐, (물리적 현실과 더불어 우리 세계를 구성하는 부분인) 도덕적 현실이나 심적 영역이 아니기 때문이다.

우리는 앞서, 가상현실 기술로 인해 예술의 오랜 희망이 이미 성취된 것은 아닌가라는 물음으로부터 출발했다. 가상현실이 왜 '가상적'인가에 대한 철학적 분석을 통해 우리는 가상현실 기술의 과업과 예술의 과업이 서로 독립적임을 알 수 있다. 가상현실은 이러저러한 물리성을 가지는 것처럼 꾸며진 현실이므로, 가상현실 속에서 우리는 새로운 물질적 경험을 상상해 볼 수 있다. 한편 우리의 현실이 온전히 물리적 차원만으로 구성된 것은 아니므로, 가상현실 기술을 동원하는 것만으로 새로운 현실을 상상하려는 예술의 욕구는 종결되지 않을 것이다.

이러한 논의를 통해 내가 가상현실의 가치를 평가 절하 하려는 것은 아니다. 새로운 물질적 질서에 대한 상상이 열어 주는 새로운 지평이 분명히 있을 것이다. 다만 우리가 열 수 있는 새로운 '현실'에는 사실 여러 층위가 있으며, 가상현실이 넘어갈 수 있는 것은 그중 특정한 층위이다. 가상의 세계에서 더 멀리 나아가고자 한다면, 그 세계가 어떤 세계인가를 먼저 이해해야 하지 않겠는가. EPI

1 Antonin Artaud(1958), *The Theater and Its Double*, New York: Grove, Trans. Mary Caroline Richards, p.49; Jon Cogburn and Mark Silcox(2014), "Against Brain-in-a-Vatism - on the value of virtual reality", *Philosophy&Technology* 27, p.561에서 재인용.

2 Sebastian Ostritsch(2017), "The amoralist challenge to gaming and the gamer's moral obligation", *Ethics and Information Technology* 19(2), pp.117–128.

3 TED, "Chris Milk: How virtual reality can create the ultimate empathy machine", 2015. 4. 23, https://youtu.be/iXHil1TPxvA?si=Ukj8atqBZLgUMvZO (접속일 2024. 11. 2.)

4 Jon Rueda and Francisco Lara (2020), "Virtual Reality and Empathy Enhancement: Ethical Aspects", *Frontiers in Robotics and AI* 7:506984, p.8.

5 Janet H. Murray (2020), "Virtual/Reality: how to tell the difference", *Journal of Virtual Culture* 19(1), p. 13.

6 이다민(2023), 「가상에 관한 철학적 연구–정의, 존재론, 재현의 문제」, 서울대학교 대학원 박사학위논문.

#4 지나치게 확정적인 음악, 불확정적인 음악

터
FOUNDATION

컬처
CULTURE

→음악, 그리고

장재호

서울대학교에서 작곡을, 네덜란드 왕립음악원에서 전자음악을 전공했다. 미디어아트 공연 그룹 태싯그룹(Tacit Group)의 공동창립자로, 국내외에서 활발한 창작 활동을 하고 있다. 현재 한국예술종합학교 음악테크놀로지과 교수로 재직 중이다.

1. 들어가며

1984년 영화 〈아마데우스Amadeus〉에 이런 장면이 나온다. 병상에 누운 모차르트가 또 다른 작곡가 살리에리에게 자신의 마지막 작품 〈레퀴엠Requiem〉을 받아 적게 한다. 모차르트는 머릿속에 떠오르는 음악을 말로 설명하고, 살리에리는 빠르게 악보에 적어 내려간다. 떠오르는 악상이 너무 빨라 받아 적기가 매우 힘겹다. 실제 모차르트가 그런 '천재적' 능력을 가졌는지 확인할 방법은 없다. 다만, 대부분의 작곡가가 그렇게 작업하지 않는다는 건 분명하다.

비교적 널리 알려진 작곡 기법인 '대위법'과 '화성법'처럼1) 시대마다 특정한 작곡 기법이 존재하는 가운데, 작곡가들 대부분은 이러한 기법의 틀 안에서 비교적 이성적으로 음악을 구성했다. 한편, 바흐J. S. Bach나 베토벤Ludwig van Beethoven처럼 기존의 기법에 변화 주기를 좋아한 작곡가도 있었는데, 이들 덕분에 새로운 음악의 시대가 열리기도 했다. 이런 맥락에서 극단적으로 다른 두 작곡가의 예를 통해 색다른 두 작곡법을 살펴볼 수 있다. 작곡가 A는 모든 것을 철저한 원칙에 따라 작곡한다. 선율, 화성, 리듬, 빠르기, 셈여림까지 하나하나 계획하여 음악을 만든다. 반면, 작곡가 B는 악보에 몇 개의 음만 적고 이렇게 말한다. "이 음들을 연주자의 마음대로 연주하시오."

2. 20세기: 혼돈의 시기

18세기를 지나며 유럽을 중심으로 체계화된 음악 요소들은 오늘날까지도 강력한 영향력을 발휘하며 많은 음악의 기반이 되고 있다. 흔히 볼 수 있는 오선지에 기록된 악보, '다장조', '내림마단조' 같은 조성 체계, 그리고 '으뜸화음'이나 '딸림화음'처럼 화음에 특정 역할을 부여하는 18세기 화성법이 그 예다.

그러나 19세기 낭만주의 시대의 작곡가들은 더욱 다양한 음악적 표현을 위해 이러한 체계를 깨거나 확장하려는 시도를 하기 시작했다. 하이든이나 베토벤이라면 사용하지 않았을 법한 선율과 화성 진행을 채택하거나, 악기의 음역을 극단적으로 활용하는 등의 변화를 추구한 것이다. 이러한 경향은 19세기 말에서 20세기에 이르러 더욱 두드러지게 된다.

예를 들어, 프랑스 인상주의 작곡가 모리스 라벨Maurice Ravel이 1901년에 작곡한 〈물의 유희Jeux d'eau〉를 들어 보자.*** 물이 흐르는 듯한 소리를 표현하기 위해, 라벨은 새로운 작곡 방식이 필요했을 것이다. 왜냐하면 고전 음악의 전통적 작곡법으로는 이런 표현을 충분히 구현하기 어려웠기 때문이다. '새로운' 작곡법에 대한 작곡가들의 관심은 20세기에 들어서면서 더욱 가속화되었다. 그중에서도 아놀드 쇤베르크Arnold Schoenberg가 창안한 '12음 기법'이 20세기 음악에 큰 영향을 주었다.

***〈물의 유희(Jeux d'eau)〉

3. 12음 기법: 모든 음을 공평하게 사용하기

한 옥타브octave는 12개의 음으로 구성되어 있다. 피아노 건반을 떠올려 보면 이해하기 쉬운데, 예를 들어 어떤 '도'와 그 한 옥타브 위 '도' 사이에는 도샾, 레, 레샾 등, 총 12개의 음이 있다. 고전 시대의 작곡법에서는 이 12개의 음 중 가장 중요한 음인 '으뜸음'이 존재한다. 예를 들어 다장조에서는 '도'가, 바장조에서는 '파'가 으뜸음이다. 이 시대 음악의 기본 원칙은 으뜸음으로 시작해서 으뜸음으로 끝난다. 나머지 음들도 각각 역할이 있는데, 예를 들어, '딸림음'(다장조의 경우 '솔')은 으뜸음 앞에 놓여 조성을 완성하는 데 중요한 역할을 한다.

20세기 초반에 이르러 쇤베르크는 한 옥타브 내 12개 음을 공평하게 사용하는 방식으로 전통적 조성 체계를 전복하는 새로운 작곡 방식을 고안했다. 예를 들어 선율을 만들 때

12개 음이 한 번씩, 차례대로 등장하도록 하는 것이다. 이를 '음렬'이라고 하며, 리듬은 자유롭게 설정할 수 있지만 음이 나오는 순서는 반드시 지켜야 한다.

12 Tone Example

이 음렬을 기반으로 '음렬 매트릭스matrix'를 만들 수 있다. 매트릭스의 가장 위쪽 가로줄이 원형prime 음렬이며, 이 음렬을 반전inversion한 음렬이 세로줄 가장 왼쪽에 위치한다.

원형 (prime) → ← 역행 (retrograde)

반전 (inversion) ↓ ↑ 역행반전 (retrograde-inversion)

E	D	A#	A	G#	C#	F#	D#	G	C	B	F
F#	E	C	B	A#	D#	G#	F	A	D	C#	G
A#	G#	E	D#	D	G	C	A	C#	F#	F	B
B	A	F	E	D#	G#	C#	A#	D	G	F#	C
C	A#	F#	F	E	A	D	B	D#	G#	G	C#
G	F	C#	C	B	E	A	F#	A#	D#	D	G#
D	C	G#	G	F#	B	E	C#	F	A#	A	D#
F	D#	B	A#	A	D	G	E	G#	C#	C	F#
C#	B	G	F#	F	A#	D#	C	E	A	G#	D
G#	F#	D	C#	C	F	A#	G	B	E	D#	A
A	G	D#	D	C#	F#	B	G#	C	F	E	A#
D#	C#	A	G#	G	C	F	D	F#	B	A#	E

12 Tone Matrix Example

반전이란 원형 음렬에서 음이 위로 진행하면 아래로, 아래로 진행하면 위로 진행하게 만드는 방식이다. 그다음, 이 세로축의 시작음들을 바탕으로 시작음이 서로 다른 원형 음렬 11개를 가로줄에 추가로 만들 수 있다. 이렇게 완성된 매트릭스에서 원형과 반전 음렬을 각각 거꾸로 읽으면, 역행retrograde과 역행반전retrograde-inversion 음렬이 만들어진다. 즉, 작곡가가 사용할 수 있는 음렬이 총 48개가 되는 셈이다. 어떤 음렬을 선택할지는 작곡가의 자유지만, 선택된 음렬에서는 반드시 음이 정해진 순서대로 사용되어야 한다.

이러한 방식으로 완성된 곡의 예로 쇤베르크의 〈피아노 모음곡, 작품 번호 25Suite for Piano, Op. 25〉를 들어보자.***

***〈피아노 모음곡, 작품 번호 25(Suite for Piano, Op. 25)〉

4. 지나치게 확정적인 음악

앞서 소개한 쇤베르크 음악의 작곡법이 지나치게 기계적이지 않은지 의아할 수 있다. 이 아이디어는 이후 더 발전하게 된다. 쇤베르크의 12음 기법은 당시 수많은 작곡가들에게 큰 영향을 미쳤고, 이를 기반으로 다양한 변형이 나타났다. 그중 하나가 바로 '전음렬주의total serialism'로, 이는 음뿐만 아니라 음의 길이, 셈여림, 음색 등 음악의 모든 요소를 음렬화하는 방식이다. 이렇게 하면 작곡가의 자유도도 거의 사라지고, 연주자 역시 자유로운 해석의 여지가 사라진다.

지휘자로도 유명한 프랑스 작곡가 피에르 불레즈Pierre Boulez의 〈2대의 피아노를 위한 구조 I[Structures I〉을 악보를 보며 들어 보자.*** 연주에 맞춰 악보를 쫓아가는 것이 어려울 정도로 엄청나게 복잡해서 놀랄 것이다.

*** 〈2대의 피아노를 위한 구조 I(Structures I)〉

이와 같은 작업에서 작곡가의 역할은 사실상 음악의 요소들을 음렬 매트릭스로 만드는 데 그친다고 해도 과언이 아니다. 이러한 '확정적' 작곡 방식은 작곡가의 감각과 감정을 최대한 배제하고, 초기 계획된 요소들이 음악 전체를 지배하도록 만든다. 이렇게 극단적인 작곡법으로 완성한 음악은 일반 청중에게는 음악으로 들리지 않을 수 있을 정도로 지나치게 낯설지만, 당시 작곡가들의 새로운 음악적 가능성에 대한 열망을 충족시켰으며 20세기에 걸쳐 큰 영향을 미쳤다.

5. 우연성과 불확정성

전음렬주의와 정반대로 지나치게 '불확정적인' 작곡법도 있다. 대표적인 예가 존 케이지John Cage의 1952년 작품 〈4'33"〉이다. 이 작품은 연주자가 무대에서 4분 33초 동안 아무것도 연주하지 않는 것이 특징으로, 관객은 그저 무대에서 다양하게 발생하는 '우연적인' 소음들을 듣게 된다.

케이지의 또 다른 작품인 〈상상의 풍경 No. 4Imaginary Landscape No. 4〉는 12대의 라디오를 위한 작품이다.*** 각 라디오는 두 명의 연주자가 조절하는데, 한 명은 주파수를, 다른 한 명은 볼륨을 조절한다. 모든 연주자는 지휘자에 맞춰 악보에 표시된 대로 정확히 조절해야 하지만, 연주 당시 라디오에서 어떤 소리가 나올지는 예측할 수 없기 때문에 최종적으로는 매우 우연적인 결과가 만들어진다.

***〈상상의 풍경 No. 4(Imaginary Landscape No. 4)〉

케이지의 이러한 작품들이 음악사에서 중요한 이유는, 당시 작곡가들이 갈망하던 새로운 음향과 새로운 작곡법을 극단적인 방식으로 실현해 주었기 때문이다. 작품에서 모든 소리가 음악적 요소가 되는 것은 케이지가 20세기 초반부터 꿈꿔 왔던 이상인데, 다음 연재에서 이에 대한 이야기를 자세히 다룰 예정이다.

6. 확정성과 불확정성의 공존

이렇게 지나치게 확정적이거나 불확정적이고 우연적인 방식은 20세기 이전에는 음악적인 것으로 여겨지지 않았지만, 20세기에 들어 점차 다양한 방식으로 작곡가들에게 영향을 미쳤다. 20세기 중반 이후 나타난 '미니멀리즘 음악minimalist music'은 그러한 영향을 많이 받았음을 보여 준다. 미니멀리즘 음악의 선구자적 역할을 한 작곡가 테리 라일리Terry Riley의 1964년 작품 〈In C〉를 들어 보자.***

***〈In C〉

이 작품은 53개의 마디로 구성되어 있으며, 각 연주자는 마디 하나를 원하는 만큼 반복한 후 다음 마디로 넘어갈 수 있다. 연주자들이 각 마디를 넘어가는 시점이 서로 다르기 때문에 연주는 때로는 불협화음을, 때로는 협화음을 만들며, 리듬 역시 일치하거나 서로 엇갈릴 수 있다. 이 작품은 악기의 종류나 연주 속도가 정해져 있지 않아서 연주 스타일이 매우 다양하게 변할 수 있다. 인터넷에서 이 작품을 검색해 보면 아주 다양한 연주 영상들을 찾을 수 있는데, 연주마다 서로 다른 특성을 비교해 보는 것도 무척 흥미로울 것이다.

7. 나가며: 새로운 세계로의 초대

확정성과 불확정성을 중요한 음악적 요소로 활용한 방식은 컴퓨터를 사용한 작곡 방식과 결합하면서 전자 음악과 컴퓨터 음악의 발전에 중요한 열쇠가 되었다. 이렇게 20세기는 음악사에서 혼돈의 시기인 동시에 음악의 경계가 무한히 확장된 시기로, 더욱 다양한 음악이 탄생할 수 있는 토대가 되어 음악의 세계를 더욱 풍부하고 흥미롭게 만들었다. 모든 예술이 그렇듯 음악 또한 시대와 함께 변화해 왔으며 앞으로도 그럴 것이다. 사람마다 가진 음악적 경계를 반드시 바꿀 필요는 없지만, 이렇게 넓어질 음악의 세계에서 자신의 경계를 넓힐수록 더 흥미로운 경험을 할 수 있다. EPI

1 16세기 대위법은 르네상스 시대의 작곡법으로, 여러 선율이 독립성을 유지하면서도 협화음을 이루는 방법이며, 18세기 화성법은 바로크와 고전 시대에 정립된 화성 진행의 규칙을 다루며, 화음들이 어떻게 이어질지를 규정하는 방법이다.

과학적 사실을 받아들이려는 어느 연극 작가의 작업 노트

터
FOUNDATION

컬처
CULTURE

→과학, 무대에 오르다

장우재

극단 이와삼 극작가, 연출가. 대진대학교 연기예술학과 교수. 〈사람은 좋지만 인간은 싫습니다〉, 〈A·I·R 새가 먹던 사과를 먹는 사람〉, 〈여기가 집이다〉 등의 작품을 쓰거나 연출했다.

1.

2017년 10월, 〈옥상 밭 고추는 왜〉[1]를 발표한 후 한동안 글쓰기를 멈추었다. '사람'은 더 이상 그가 속인이든, 성인이든, 빈자이든, 부자이든 끝내 노래해야 할 절대적 대상이 아닌 것처럼 느껴졌기 때문이다. 또 어렸을 때부터 들은 '연극은 결국 사람 이야기'라는 선배들의 충고가 지금은 지나치게 좁아져 있고, 뭔가 중요한 것을 빠뜨린 채로 과장되고 있다는 생각도 들었다. 그 '사람'에게서 멀어져야 할 것 같았다. 사회를 넘어 이 세계를 다시 봐야 했다.

공부는 대략 자연과학, 포스트휴먼, 다윈주의 좌파, 지구법, 사회생물학, 게임 이론, 윤리, 퀴어, 환대 등으로 벌어졌다. 배고픈 사람이 이것저것 주워 먹듯 닥치는 대로 『이기적 유전자』를 읽다가 '신형철'을 읽고, 『생명이란 무엇인가』를 읽다가 '진화적 게임 이론'을 읽고, '토마스 베리'를 읽다가 '스피노자'를, '한병철'을 읽다가 『코스모스』를, '뇌과학'을 읽었다. 너무 많았다. 전체상이 잡히질 않았다. 원래도 수학과 과학에 재능이 없었던 터라 더 그랬다.

그러다 유시민의 『문과 남자의 과학 공부』의 어떤 대목이 깊이 와 박혔다. '사실'과 '가치'로 과학과 인문학을 대한 대목이었다. 정리해 보면 "과학이 입증한 '사실'들은 그 자체로 어떤 '가치'를 지닌 것은 아니다. 열역학 제2법칙으로 언젠가

엔트로피는 증가하는 방향으로만 흘러가고 모든 것은 결국 멈출 것이다. 그런데 그 '사실'의 '가치'는 무엇인가. 그 '가치'를 만드는 것이 인문학이 하는 일이다. 즉 인문학은 과학이 찾아낸 '사실'을 바탕으로 그 위에서 과학이 대답하지 못하는 질문에 대해 무언가를 쌓아간다."2)

나는 이 대목을 읽고 충격을 받았다. 나는 그저 과학은 사회과학만 어느 정도 알면 되는 줄 알았다. 하지만 "부모가 자식에게 그토록 헌신적인 까닭은 그들에게 이타적인 유전자가 있어서가 아니라 다른 이기적인 이유가 있기 때문이다. 자식에게 헌신함으로써 결과적으로는 자신이 가지고 있는 유전자가 퍼져 나갈 가능성을 높이고자 하는 이기적인 이유 말이다"3)와 같은 문장을 만나면 머릿속이 하얗게 됐다. 그리고 잠시 뒤 '과학자들이 뭘 알아?' 하며 (과학)책을 내팽개치고 인간의 위대함을 노래한 철학책을, 역사책을 집어 들었다. 나는 '사실'을 무시하며 '가치'에 몰두해 있었다. 과학은 로봇을 만들고 로켓을 쏘아 올리며 인공지능을 만들어 내는 것이지, 인간의 고유한 사고 영역은 결코 범접할 수 없다는 자만심이 거기 있었다. 또 '사실'과 '가치'를 잘못 연결해 벌어진 끔찍한 일도 다시 보았다. 다윈 진화론의 '생존 경쟁'이 나치에 의해 홀로코스트를 낳은 우생학으로, 길거리에서 통용되는 강한 것이 살아남는 것은 자연의 이치라는 말이 낳는 폭력을, 인간은 원래 이성적인 동물이어서, 충동이나 감정은 불합리하고 나쁜 것, 그래서 공동체의 어떤 목표를 그에 맞는 것으로 설정하고 그 목표를 방해하는 인간의 다른 특성을 말살했던 어느 사회주의 등등을.

좀 더 나아가자면 『다윈주의 좌파』에서 피터 싱어가 '인간 본성에서 어떤 것이 고정되어 있고, 어떤 것이 변화 가능한가'라는 취지로 하는 말은 더 놀랍다. "조금 더 논쟁의 여지가 있는 것으로까지 나아가자면, 나는 위계 혹은 신분 제도의 존재도 (인간의) 거의 보편적인 경향이라고 주장하고 싶다."4) 이러한 말들은 그동안 극을 써 왔던 나의 관념을 송두리째 흔들었다.

나는 다시 내가 겪은 '사람'에 대한 실망을 돌아봤다. 그 실망 속에는 결국 인간은 위계를 벗어날 수 없단 말인가, 하는 통탄이 들어 있었다. 그러나 그 통탄은 혹 '사실' 앞에서 어린애 같은 울음은 아니었을까, 위계를 세우는 인간종의 특성이라는 사실 앞에서 나는 눈물을 닦고 어떤 가치를 세울 것인지 다시 고민해야 하지 않을까 생각하게 했다.

'사실'과 '가치'로 과학과 인문학의 다름과 협업의 필요를 논하는 유시민의 글을 통해, 나는 인간 너머 관점 공부의 갈피를 조금이나마 잡게 되었다. 하지만 여전히 "우리가 과학의 영역에 머물고 있는 한, 우리는 '거짓말하지 말라'와 같은 명령문을 만날 일은 없다. (…) 과학적 문장은 사실로 만들어지며, 이로부터 어떠한 윤리적 방향성도 끄집어낼 수 없다"5)와 같은 말을 만날 때면 과연 사실과 부합하는 가치를 만드는 일은 가능할까, 아득해진다. 그때 오래전 읽었던 이성복의 글이 다시 떠올랐다.

> 도대체 불가능에 관한 모든 논의는 헛소리에 지나지 않는다는 것을 저도 잘 압니다. 그러나 한 번 불가능의 얼굴을 본 사람은 스스로 불가능이 되기까지 잊을 수가 없다고 합니다. 또한 그것이 제 똥을 주무르는 치매 환자의 미소처럼 그 무엇에도 견줄 수 없는, 견딜 수 없는 향락을 가져다준다는 것도 부인할 수 없습니다. 불행하게도 우리가 알아 버린 그 불가능의 입구는 생-사-성-식의 불길한 화환과 불후의 먹이사슬로 둘러싸여 있고, 그 속에 한 번 떨어지면 다시는 못 나오는 심연으로 이어져 있습니다. 오직 인간과 가까이한 죄로 자손 대대로 천형 받은 짐승들처럼, 우리 또한 불가능이 애지중지 기르는 가축들인지 누가 알겠습니까.6)

과거에는 이 글을 읽는 동안 뭐랄까, 성자와 같은 마음이랄까, 힘들게 글을 쓰는 나를 위로했달까 그런 느낌이었는데, 하지만 다시 보니 그래, 실제 이게 맞는 말이지 원래, 하는 생각이 더 든다. 어두움. 불가능. 가치는 사실이 아니다. 정의도, 윤리도, 연대도. 하지만 그것은 가치다. 나를 혹은 몇몇을 움직이게 하는. 가치와 사실은 차원이 다른 채로 서로 이어져야 한다. 그리고 가치를 바꾼다고 해서 사실을 바꾸지 못한다는 것을 우리는 인정해야 할지 모른다. 그렇다면 못 바꾸는 '사실' 앞에서 우리는 어떤 '가치'를 세울 수 있을까. 예를 들어 예정된 6번째 대멸종 앞에서 그래도 살아갈 가치를, 우리를 덮칠 기후 위기 앞에서 살아가야 할 가치를 세울 수 있을까.

2.

내가 쓰는 글에는 인물character이 나온다. 인물이라고 해서 꼭 사람일 필요는 없다. 연극에서 구현하긴 힘들지만 대기, 지질, 해양, 탄소 기반 생명체, 화학적 결합물도 등장시킬 수 있다. 하지만 아직 전통적으로 관객은 인간 인물human character에 이입하고 싶어 한다. 나는 '탈인간중심주의'라는 말보다는 사회생물학도인 김준수가 알려 준 'more than human'을 번역한 '인간 너머의 관점'이란 말을 쓰고 있다. '넘어'가 아니라 '너머'라 쓰는 이유는 '초월'보다는 '같이'를 강조해서다. 나는 현재 내 역량에 맞게 '인간 너머의 관점으로 인간 다시 보기'로 마음을 정리하고 작업해 보고 있다. 하지만 그렇게 보면 뭐가 달라지는가. 그러니까 내 눈앞에 사람이 어떻게 달리 보이는가.

"나 김치 짜잘하게 안 담아라우."

인간은 의식이라는 현상을 다양하게 경험하는 존재다. 배추 가격이 폭등해도 김치 없이 명절을 날 수 없기에 아는 사람에게 물어 고향 변두리 시장에 있는 김치 가게를 찾았다. 소문대로 늙은 주인은 듬뿍 김치를 담으며 말했다. 뜻인즉 싸다고 대충 담은 김치가 아니라는 것. 과연 그랬다. 하지만 내가 알고 있는 맛있는 김치와는 차이가 있었다. 다른 맛이 있는 김치였다. 짐작건대 들어가는 젓갈의 차이로 보였다. 호불호가 나뉠 수 있는 맛이었다. 하지만 그 주인에게는 자긍심이 있었다. 그 자긍심은 그이를 지탱하는 힘 같았다. 하지만 어느 날 불호가 많아져 더 이상 그의 김치를 찾는 사람이 없을 때 그는 어떻게 될 것인가. 그는 자기의 긍지를 안고 조금씩 사그라져 갈 것이다. 어떤 의미에서 그의 긍지는 거대 시장의 논리에 길든 입맛에는 맞지 않는다는 '사실'과 배치背馳된다. 맛과 시장 논리라는 것은 변하는 것이기에 '사실'이라 단순하게 부를 순 없지만, '사실'과 배치되는 '의식'에 대해 나는 생각해 본다.

우리가 믿는 의식의 대부분은 사실에 부합한다는 믿음 위에서 있다. 그중 많은 사람들이 믿는 대체로 무해한 의식은 사실과 부합하지 않는다고 해서 큰 문제가 생기진 않는다. 예를 들어 신은 있는가. 하지만 지나치게 사실과 부합하지 않는 의식은 결국 문제를 일으킨다. 혹은 사실이나 가치를 지나치게 왜곡해서 믿는 것도. 인간중심주의라 명명한 최근 우리의 의식이 그런 것 같다. 인간에게 위협적인 지구 평균 기온 상승이 더 이상 되돌릴 수 없는 지점에 다다르는데 우리의 의식은 이를 접수하지 못한다. 맞는 말 같지만 지나치게 큰 문제여서, 나 혼자 어찌해 볼 수 없기에 우리의 의식은 이를 덮어 버리고, 밀어 버리고 있는 것 같다. 하지만 나는 이해가 된다. 의식 또한 결국은 생존이 목표니까. 그러니 지금 당장 생존에 도움이 안 되는 경고가 울린다고 한들 크게 효과가 있을까.

질병으로 시한부 선고를 받은 환자가 보이는 반응 5단계는 부정, 분노, 타협, 우울, 수용이라 한다. 나는 그중 '수용'을 생각해 본다. '사실'을 수용한 의식, 그 의식을 작동시키는 인간은 어떤 모습일까. 짜잘하게 김치 안 담는 그가 사실을 수용했을 때 벌어지는 '의식'을 상상해 본다. 혹 긍지는 유지하되, 그래 이만하면 됐지, 하며 자신이 누린 긍지 중 지나치게 사실과 달랐던 부분은 슬그머니 내려놓지 않을까. 혹은 자신이 누린 무해한 의식 중 어떤 것은 '가치'가 더 높아져 대상을 더욱 귀하게 보게 되진 않을까. 예를 들어 '살아 있는 모든 것이 아름답다'는 말처럼.

나는 인물은 대사나 몸짓, 외형으로만 자신을 드러낸다고 생각하지 않는다. 나는 인물이 어떤 상황을 만났을 때 그가 어떤 선택을 하느냐에 따라 그 인물이 드러난다고 생각한다. 이를 '수용'에 비춰 보면, 한 인물을 지탱해 오던 의식이 붕괴할 만한 '사실'과 만날 때 그 의식의 주체인 인물이 어떤 양상을 보일지 나는 무척 궁금하다. 다양할 것이다. 부정, 분노, 타협, 우울, 수용 등등…. 그리고 우리는 그것을 보며 흔들릴지 모른다. 견고하게 자리 잡은 인간중심주의적 사고가 움찔거릴지 모른다. 나는 그 '움찔'을 기다린다. 인간 너머 관점으로 인간을 다시 보면서부터 나는 내 앞에 있는 사람을 욕망이나 의지, 관념의 표상으로 보지 않고 버릇이나 떨림, 놀랄 때 보이는 다양한 반응으로 보는 것 같다. 욕 얻어먹을지도 모르겠지만 나는 동물로서 사람을 볼 때가 있다. 그런데 그렇게 보면 인간은 의외로 사랑스러운 구석이 많다.

과학을 연극에 끌어들이면서 나 스스로 경계해야 할 것들이 몇 가지 있는 것 같다. 첫째, 인간 너머의 관점과 과학적 시선을 극에 도입한다고 해서 꼭 소재나 배경이 과학과 SF적 배경일 필요는 없다는 것. 중요한 것은 관점이며, 소재나 배경은 시대의 변화 추이에 따라 안배될 필요가 있다는 것. 또 극적 행동과 융합되지 않은 과학적 지식은 오히려 방해된다는 것. SF가 어느 때보다 많이 쏟아지는 이때 오히려 현재를 배경으로 오직 인간 인물로만 이야기하지만, 인간 너머의 관점을 자연스레 드러내는 작품이 더 필요하지 않을까 생각해 본다. 특히 6번째 대멸종을 마치 경고하듯이 펼치는 작품들은 관객이 현 상황을 더 '부정'하게 만드는 것만 같다. 놀라면 숨는다. 역효과다. 둘째는 인물이 자신을 지탱해 왔던 '의식'이 '사실'과 만날 때 보이는 패턴들을 전형적으로 보지 않으려고 더 노력할 것. 감당하기 힘든 '사실'을 만났을 때 인간의 '의식'이 어떻게 다양한 면모를 보이는지 찬찬히 살펴보고 싶다. 그러다 혹시 이전에도 있었지만, 대수로이 생각하지 못했던 의식의 다양함을 보고 무해한 의식의 힘이 다시 길어 올려지진 않을까, 생각해 본다. 셋째는 이러한 내용이 주된 어조로 펼쳐져도 이상하지 않은 형식을 찾아낼 것. 내용과 형식의 조우는 여전히 중요하다. 하지만 극작과 연출의 많은 형식이 아직 거대 담론에 어울리고 그것은 여전히 우리의 의식을 전형화한다. 그리고 마지막으로 (관객에게 직접 말하지는 못하겠지만) 잊지 말아야 할 것은, 기후 위기는 실제 벌어질 것이고 6번째 대멸종은 거의 피하지 못할 '사실'이라는 것. 그래서 우리는 이 위기를 극복할 수 있어, 가 아니라 6번째 대멸종이 오기까지 우리가 붙들고 살아야 하는 '가치'는 이런 것이 아닐까, 제안해 보는 일이 필요하지 않을까 싶다. 좋은 질문은 여전히 좋은 '가치'를 낳는다. 하지만 지금은 질문보다 제안이 필요할 만큼 급박한 시대가 아닌지 또 생각해 본다. 인간의 본성에 비판적 질문을 던지는 것보다 인간 본성에서 우리가 아직 발견하지 못한 것을 구체적으로 상상해 볼 수 있는 제안 말이다.

3.

연극을 만드노라면 배우의 연기를 연출할 때 어려운 순간들이 있다. 범박하게 얘기하자면 요사이 연기는 '재현'과 '현존'으로 나눠 볼 수 있지만 이 둘은 늘 어느 정도 섞여 있는데, 배우 자신이 관객 앞에 드러나야 하는 현존은 배우를 당황하게 만들 때가 많다. 사람은 사람인지라 아무래도 자신의 나약한 부분, 부끄러운 부분이 드러날 때 자신도 모르게 숨어 버린다. 연극에서는 더. 하지만 재현 중심 연기는 나름의 대처법들이 있어 보인다. 배우는 그러면 안 돼, 배우는 이래야 해, 하는 식의 직업관을 드러내는 속언들이 많다. 하지만 그것은 때로 배우의 본성을 인간의 본성과 분리해 특정 욕망을 강화한 것처럼 보일 때도 있다. 나는 그것을 옳다고도 그르다고도 말할 수가 없었다. 그런데 그것을 용감하게 말해 본 사람이 있다. 하마구치 류스케. 영화감독인 그는 이와 비슷한 고민을 하다가 사람들이 말하는 좋은 연기는 마치 '부끄러움을 버려라'와 같았다고 고백한다. 그것은 허무맹랑한 것 같았고, 그런 얘기를 주변에 하노라면 연기를 모르는 사람으로 취급받아 힘들었다고 말한다.

> 저는 '부끄러움'을 버리도록 요구하는 연기와 연출에 대해 오랫동안 의문을 품고 있었어요. (…) 많은

연출자들이 연기자에게 '부끄러움을 버리라'고 말합니다. 적어도 우리가 접하는 연기는 그런 경우가 많을 겁니다. 그러나 부끄러움을 버린 연기를 볼 때, 제아무리 열정이 담긴 연기라 할지라도 뭔가 이 세상 어디에도 없는 것, 허무맹랑한 일을 보는 듯한 기분이 들 때가 있어요. 왜 그런지 모르겠지만, 저는 누군가에게 연기를 부탁할 때 그들이 '부끄러움'을 버리지 않기를 바랍니다. (…) 저는 문득 생각하곤 해요. '연기한다'는 건 어딘가 그 사람을 '음미'하게 만드는 게 아닐까? 연기자와 연기를 하도록 연출하는 사람 간의 '대화'가 이루어지면서 서로의 존재에 대한 '음미'가 행해지는 건지도 모른다고 말이죠. (…) '부끄러움'이란 자신을 음미하게 할 수 있게 하는 힘을 가진 자에게 주어지는, 그야말로 본능에 가까운 힘이라고 봐도 좋지 않을까요. (…) 내가 아닌 타자를 연기하며 선다는 (연기하도록 그 앞에 세워지는) 것은 처음부터 패배가 정해진 싸움입니다. 그럼에도 그런 지는 싸움을 어째서 지금껏 많은 이들이 반복하는 것일까 하는 의문이 들었습니다. (…) 카메라가 가차 없는 음미의 기계임을 이해하고 그 앞에 섰을 때, 결국 자신에게 밀려오는 의문은 '진정으로 부끄러운 것은 무엇인가'입니다. (…) 좀 더 파고들자면, 사회의 시선을 상정하는 것이 아니라 '나 자신에게 있어서' 진정한

> 부끄러움은 무엇인지 의문을 갖는 겁니다. 여기서 요구하는 것은 부끄러움을 떨쳐 버리는 게 아닙니다. 자신의 가장 깊숙한 곳에 자리한 부끄러움에 의해 스스로를 지탱하고 돕는 것입니다. 이때 부끄러움은 역할과 자신을 분리하지 않고, 가장 깊숙한 영역에서 서로를 강하게 연결해 주는 게 아닐까요?7)

물론 연극과 영화는 차이가 있다. 기록하는 장치가 있는 영화에서는 가능하지만, 매번 어떤 순간을 살아야 하는 연극에서는 어쩔 수 없이 일정한 형식이 필요하다. 그리고 그 형식은 함께 만드는 이와 약속되어야 하기에 하마구치 류스케의 방식을 그대로 적용하기 힘들다. 하지만 어떤 약속을 하더라도 "자신의 가장 깊숙한 곳에 자리한 부끄러움에 의해 스스로를 지탱하고 돕는" 방식의 연기 접근은 본질적으로 연기를 대하는 태도를 다르게 한다. 하지만 나는 이에 대해서도 옳다고도 그르다고도 말할 수가 없다. 취향이 있기에. 하지만 내가 끌리는 것은 그의 접근 방식을 따른다면 앞서 얘기했던 인간(배우)이 한 인물을 지탱해 오던

의식이 붕괴될 만한 '사실'과 만날 때 그의 '의식'이 어떻게 다양한 면모를 보일지 찾아낼 수 있는 작업의 가능성을 열어 준다는 것이다. 세계를 있는 그대로 인식하기 힘든 우리의 의식이 한 번도 접해 본 적 없는 문명의 위기, 멸종의 위기 앞에서 전형적인 답을 내지 않고 부끄러움을 음미하는 동안 어떤 모습을 보일까. 그것은 혹 우리가 미처 발견하지 못했던 인간 의식의 어떤 가치를 새롭게 되돌려주지는 않을까. 연기 워크숍을 통해 이를 적용해 보는 동안 과거 답이 정해져

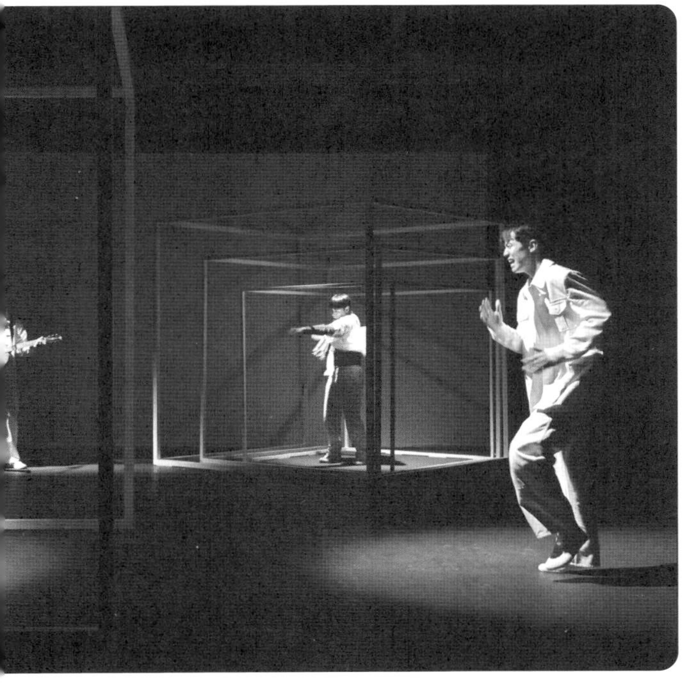

극단 이와삼 연극 〈사람은 좋지만 인간은 싫습니다〉(2024.10.18~10.27), 씨어터 쿰. ©김명집

있는 것만 같던 어떤 극적 순간에 인물의 감정, 호흡, 움직임, 발화가 매번 예상치 못한 순간들로 배우들에게 구현되는데, 그것이 더 말이 되고, 그것으로 극장이 가득 차는 순간들을 만날 때가 있다. 물론 극심한 호불호를 동반하면서.

사람으로부터 멀어지기 위해 과학을 거쳐 가치를 찾고, 그러기 위해서 연기 방법론까지 바꿔 보려는 것은 결국 잘 돌아가기 위해서다. 나는 이것을 '인간 너머의 관점으로 인간 다시 보기'라 부르고 있다. EPI

1 장우재 작·김광보 연출, 〈옥상 밭 고추는 왜〉(2017. 10.13~10.29), 서울시극단, 세종문화회관M씨어터.

2 유시민, 『문과 남자의 과학 공부』, 돌베게, 2023. 참조.

3 최정규, 『이타적 인간의 출현』, 뿌리와이파리, 2009.

4 피터 싱어, 『다윈주의 좌파』, 최정규 옮김, 이음, 2012.

5 유시민, 『문과 남자의 과학 공부』, 돌베게, 2023.

6 이성복, 『래여애반다라』, 문학과지성사, 2013, 뒤표지.

7 하마구치 류스케·노하라 다다시·다카하시 도모유키, 『카메라 앞에서 연기한다는 것』, 이환미 옮김, 모쿠슈라, 2022.

어느 날 교실에 운석이 떨어졌고, 우리는 처음부터 다시

터
FOUNDATION

컬처
CULTURE

→에세이

안주현

유전발생학과 과학교육을 전공한 생물학자이자 과학교육학자. 귀여운 생명체를 연구하는 귀여운 생명체. 서울대학교에서 박사학위 후 서울대학교, 경인교육대학교, 아주대학교, 성신여자대학교에서 강의했으며, 현재는 중동고등학교 교사로 재직 중이다. Youtube 〈삼프로TV 언더스탠딩〉, 〈안될과학〉, 〈과학하고 앉아있네〉, YTN 사이언스 〈과한토크〉 등의 방송에 출연하였고, 글과 강연 등을 통해 과학의 다채로움을 전하고 있다. 저서와 역서로 『안주현의 과학 언더스탠딩』, 『십 대를 위한 생명과학 콘서트』, 『진화의 렌즈로 본 생명의 아름다움』, 『과학의 역사』 등이 있으며, 고등학교 『통합과학1,2』, 『과학탐구실험1,2』 교과서를 집필했다.

#1. 흥미로운 생명체 발견

"여기까지 준비했습니다.
그런데 이거 어차피 다 거짓말이잖아요."

하늘을 가르며 날아온 커다란 운석이 내 앞에 떨어지는 기분이었다. 다시 생각해도 내 교직 역사에 손꼽히는 아득한 순간이다.

한 학기 동안 방과후학교에서 융합논술 과목을 수업했다. 과학 분야 책을 선정하여 학생들과 함께 읽고, 강의하고, 토론하고, 글을 쓰며 한 학기를 보냈다. 우리가 선택했던 주제 도서는 『공생 멸종 진화』(이정모 저, 2015)였고, 학생들은 주제 도서와 강의 계획서를 먼저 확인한 후 수강 신청하였다. 따라서 수업에 참여한 학생들은 이 수업에서 어떤 내용을 어떻게 다룰지 알고 있었다.

나는 한 학기 동안 학생들이 충분히 읽고 이해할 수 있는 분량과 난이도라는 점과 38억 년 전 최초의 생명이 등장해 현재에 이르기까지의 역사를 진화에 기반하여 생각해 볼 수 있다는 점에서 이 책을 선정했다. 진화는 생물학의 역사이자 생물학의 모든 영역을 잇는 기반이 되기에 생물의 진화를 이해한다면 과거에 얻었거나 앞으로 알게 될 생물학 지식을 통합적으로 꿸 수 있으리라고도 생각했다. 수업에 참여하는 학생들은 고등학교 2학년이었고, 초등학교와 중학교에서 배운 생물학적 지식을 비교적 잘 기억하는 학생들이었다.

그날은 학생들이 그동안 수업에 참여하면서 자신이 흥미를 느꼈던 부분을 선정하고, 확장된 내용과 생각을 정리해서 발표하는 마무리 시간이었다. 한 명 한 명 발표를 해나갔고, 다음 차례의 학생이 앞에 나왔다. 성실하게 수업에 참여해 온 학생이었다. 바다로 돌아가 진화한 고래에 관한 내용을 조사해 와서 재미있게 발표하였다. 발표를 마무리 짓는 듯한 말을 하길래 수고했다는 말과 함께 박수치려던 순간이었다. 거짓말이라니. 어차피 다 거짓말이라니. 이거야말로 '오 신이시여!'였다. 학생에게 물었다.

"왜 거짓말이라고 생각하나요?"
"인간이 만들어 낸 이야기잖아요. 저는 기독교거든요."

'인간이 지어낸 이야기라는 것일까, 그래서 사실이 아니고 믿을 수도 없다는 것일까, 그런데 인간이 만들어 내지 않은 이야기라는 것이 있나, 만약 누군가가 보고 듣고 생각하고 연구하는 과정을 이야기로 만들어 기록하지 않았다면 우리가 알 수 있는 게 얼마나 될까, 모든 사람이 매번 인류의 시작 단계부터의 지식을 각자의 경험만으로 알아내야 한다면 우리는 진작 멸종하거나 아예 다른 모습의 생명체로 살아가고 있지는 않았을까, 그럼 이 학생은 무엇을 믿는 것일까, 직접 관찰하고 경험한 것만을 믿겠다는 것인가. 뒤에 자신의 종교는 왜 밝혔을까, 기독교니까 이렇게 생각하는 것이 당연하다는 뜻인가, 가만, 그렇다면 이 학생은 신을 만난 건가! 아니 그런데 성경도 인간이 남긴 문서가 전해 내려오는 것이 아니었나?'

찰나에 이 모든 생각이 휘몰아쳤다. 내 머릿속 '흥미로운 생명체 발견' 표시등에 불이 들어왔다. 학생의 생각이 너무나도 궁금해서 운석이 떨어진 그곳에 주저앉아 긴 이야기를 나누고 싶었다. 하지만 생각해 보라. 그 순간의 시공간을 공유하고 있던 수십 명의 다른 학생들을. 방과후학교의 마지막 날 오후 9시, 그 학생들의 표정 역시 운석을 본 것 같았다. 여기서 나는 그날의 아쉬움을 담아 그 지점부터 다시 생각해 보려 한다.

#2. 오랜 다툼 속에서도 '과학'을 가르치기 위해 노력해 온 선생님들

그날 학생에게 거짓말로 여겨졌던 것은 무엇이었을까? 학생은 자신의 종교와 진화론이 충돌한다는 것을 예전부터 알고 있었다. 영국의 생물학자 찰스 다윈Charles Darwin이 1859년 『종의 기원』을 통해 진화론을 발표한 이래 진화론과 종교사이의 오랜 갈등은 역사적으로도 국내외에서 많이 알려지지 않았는가.

학교 현장도 예외는 없었다. 1925년 미국 테네시주에는 공립학교에서 진화론을 가르치지 못하게 하는 버틀러 법이 통과되었는데, 당시 생물 교사였던 존 스콥스John Scopes는 교과서에 있는 진화론을 학생들에게 가르쳤다는 이유로 100달러의 벌금형을 선고받았다. 있는 법을 어긴 것에 대해 형은 받았으나, 재판 과정이 미국 전역에 라디오로 중계되면서 반진화론 법안이 미국 헌법에 어긋난다는 것이 드러나게 되었다. 이후 유사한 소송들이 발생하였으며, 1957년 스푸트니크 쇼크를 계기로 미국의 과학교육이 개혁되면서 진화론을 생물학의 핵심적이고 기본적인 바탕으로 강조하는 새로운 생물 교과서가 과학자들에 의해 만들어졌다.

미국 루이지애나주에서도 1986년부터 1987년까지 생물 교사에 의한 소송(에드워드-아귈라드 재판, Edwards vs. Aguillard)이 있었다. 고등학교 생물 교사였던 도날드 아귈라드Donald Aguillard는 당시 진화론과 창조론을 동등하게 교육하도록 하는 루이지애나주 법안이 미국 수정헌법 제1조를 위반한다고 주장하며 주지사를 상대로 소송을 걸었고, 지방 법원과 연방 대법원에서 모두 승소하였다. 이 판결로 인해 미국 공립학교에서 창조론을 가르치는 행위가 전면

금지되었다.

이것으로 완벽할 수는 없었고, 여전히 운석은 떨어졌다. 2004년 미국 펜실베이니아주 도버의 지역 교육위원회 위원이자 창조론자였던 윌리엄 버킹엄William Buckingham은 당시 사용되던 생물학 교과서가 다윈주의로 가득 차 있다고 비판하며, 고등학교 과학 교사들에게 지적 설계를 다룬 내용의 책과 DVD를 보냈다. 하지만 교사들은 이를 수업에 사용하지 않았다. 이어 도버 지역교육구에서는 2005년 1월부터 시행되는 9학년 생물학 수업에서 교사들이 학생들에게 지적 설계를 지지하는 성명을 읽도록 하는 보도자료를 발표하였다. 도버의 과학 교사들은 수업에서 성명서 읽기를 거부하였고, 전직 과학 교사인 브라이언 렘Bryan Rehm을 위시한 11명의 학부모들이 도버 지역교육구를 상대로 소송을 제기하였다. 2005년 12월, 수업 시간에 성명서를 읽도록 한 도버 지역교육구의 요구는 위헌이며, 지적 설계는 과학이 아니고 교사에게 진화론을 폄하하도록 요구하거나 지적 설계를 가르치도록 요구하는 것을 영구적으로 금지한다는 판결이 내려졌다.

#3. 어떻게 가르치고 배워야 할까

나와 유사한 고민을 했던 교사 연구자가 학생의 종교적 신념이 진화론 학습에 장애요인으로 작용하는지 분석한 논문을 2015년에 발표했다. 연구 결과에 따르면 종교적 신념이 있는 학생들은 과학과 성서의 진술이 다른 부분을 학습할 때 고민하고 갈등하며, 특히 우주와 지구의 탄생, 생명체의 탄생과 인류의 기원 등을 다루는 천문학, 지질학, 생물학 분야 내용에서 갈등을 겪는다. 또한 성서에 나타난 여러 가지 기적 현상을 과학적으로 어떻게 설명할 수 있을 것인지에 대해 고민하고, 그것이 과학적으로 설명되지 않으면 신앙에 대해 회의를 느끼기도 한다.

갈등이 나타난 학생의 인터뷰를 살펴보자. "…사실 진화론은 은근히 말이 되는 것 같은데 하나님은 말이 안 되는 것 같아서, 헷갈려요. 하나님을 믿어야 하는 것일까? 말이 안 되는 이것을 믿어야 할까? 그래서 고민만 되고 결론을 못 내리겠어요. 창세기 1장에서 땅과 하늘이 분리되었다고 하는데, 그것이 이해가 안 돼요. 둘이 처음에 붙어있었나? 노아의 홍수 같은 것도 '홍수가 어떻게 세상을 다 덮을 수 있었을까?'하는 질문도 했어요. … 상당히 많은 질문을 했어요. 하지만 해결은 안 됐어요. 믿을 수가 없잖아요."

생명과학 분야로의 진학을 희망하는 다른 학생의 경우 종교적 신념과의 갈등 때문에 권장도서를 읽지 못한다는 이야기도 하였다. "제가 혼란스러워질까 봐 그런 것(생명과학 권장도서)을 안 읽으려고 해요. 관심은 있는데, 설득당할까 봐 두려워서 못 읽는 것도 좀 있는 것 같아요."

과학이 도전받는 것은 종교와 진화론에만 국한되지 않는다. 백신과 예방접종, 기후변화, 유전자 변형 등을 다룰 때도 그렇다. 혼란스러워하는 학생들에게 교사는 어떤 도움을 줄 수 있을까? 과학교육 분야의 많은 연구들이 과학의 본성nature of science 교육을 그 해결책으로 제안한다. 과학은 절대적이거나 확실한 것이 아니라 잠정적이고 변할 수 있으며, 사회적 맥락 속에서 영향을 받는다. 또한 자연 세계에 대한 관찰로부터 유도되거나 기반하기 때문에 과학 지식은 경험적이다. 결국 과학이란 무엇이고, 어떤 특성을 가지는지 이해한다면 학생들이 겪고 있는 갈등 해결에 도움이 된다는 것이다.

교수학습 내용을 투입하는 시기와 순서 등에 관한 지속적인 고민도 필요하다. 오늘날 학생들은 과학적 개념이나 관련 정보를 학교에서만 배우지 않는다. 어렸을 때부터 자연스럽게 다양한 매체나 주변 사람, 각자가 처한 상황 등 다양한 출처로부터 정보를 습득하기 때문에 과학 개념이나 내용을 학교에서만 또는 학교에서 처음으로 배우지 않을 가능성이 높다. 필요한 과학 내용이 적절한 시기에 정확한 이해를 도울 수 있게 주어진다면 학생들이 과학과 종교적 신념 사이에서 고민하는 상황을 겪지 않을 수 있지 않을까.

내년부터 순차적으로 적용될 우리나라 2022 개정 교육과정에 따르면 학생들은 중학교 과정에서 처음 변이와 생물다양성을 배우고, 고등학교 1학년 통합과학에서 변이와 자연선택을 통해 일어나는 생물의 진화 과정으로 생물다양성이 형성되었음을 추론할 수 있게 될 것이다. 여기까지는 공통 과목이니까 아마도 대부분의 고등학교 1학년 학생들이 해당할 예정이다. 그리고 만약 학생이 생명과학 교과를 선택하게 된다면 드디어 생물 진화의 원리와 진화 연구의 다양한 사례를 배우게 될 것이다. 문서로 제시된 교육과정을 풀어내 전달하는 책이 교과서라면, 교육과정을 분석하고 다시 구성하여 학생들에게 가장 적합한 형식과 내용으로 전하는 이가 바로 교사이다.

과학자가 연구를 통해 새로운 것을 알아내듯이 교사는 변화하는 과학과 교육과정을 따라잡아야 하고, 더 나은 교수 방법을 고민한다. 그럼에도 가르치는 것과 배우는 것은 일치하지 않고, 학생들의 경험도 서로 달라 예상하지 못한 도전과 갈등도 계속되기에 언제고 처음부터 다시, 다른 방법으로 수업을 시작할 각오를 해야 한다. 그래서 오늘도 나는 학생들의 이해 상태를 점검한다. 크고 작은 운석이 떨어질 가능성은 언제나 존재하지만 세이브 포인트는

알아두어야 하니까. 그러면 거기서부터 다시 진화를 시작할 수 있지 않을까. EPI

길

'길'은 떨어져 있는 공간을 잇습니다. 새롭게 이어진 공간은 새로운 의미를 만듭니다. 우리는 새로운 길을 내줄 것으로 기대하는, 길고 특별한 기획 기사들을 '길'이라는 이름으로 묶습니다. 댄 시먼스의 『히페리온』에 등장하는 '길(Farcast)'은 행성과 행성을 잇습니다.

여러 과학적 불확실성과 경제적 위험을 감수하고
투자 대비 높은 수익을 얻을 수 있다는 기대로
생명공학회사들이 백신 혁신에 투자해 왔다.
하지만 만일 또 다른 팬데믹이 발생할 때
지식재산에 대한 권리를 잃을 수도 있다는 우려가
있다면 이러한 위험을 감수하고 백신 개발에
투자할 유인이 없게 된다는 것이다.

이두갑, "협력과 창의적 연구, 팬데믹 시대의 특허정치" 중에서.
『아는 것이 돈이다: 지식재산권, 누가 무엇을 소유하는가?』 p.371. 이음.

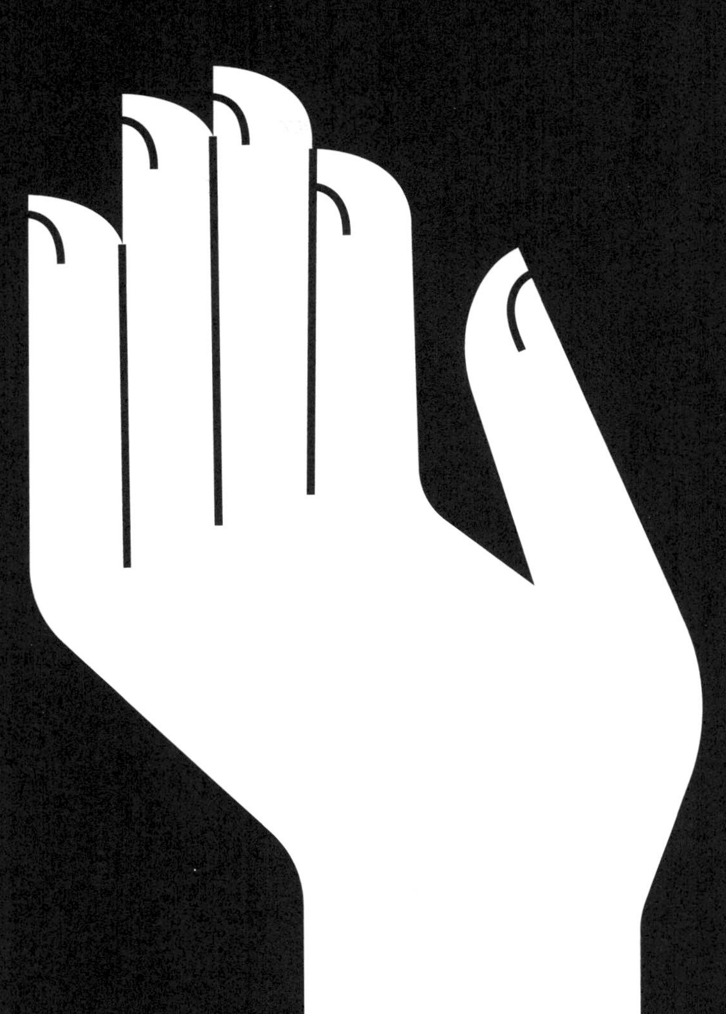

나는 이 조선공학자들이 공학자 특유의 절제된 방식으로 "잊지 않겠다"는 다짐을 실천하고 있다고 느꼈다. 세월호를 연구 대상으로 설정함으로써, 시뮬레이션을 설계하고 데이터를 분석함으로써, 이들은 세월호를 공학적으로 기억했다. 2년 전 학회 때와 달리 조사위원회 관계자도, 유가족 대표도, 방송 카메라도 없었지만, 이들은 무게중심, 마찰계수, 첨단 재료손상 모델 같은 용어를 써가면서 세월호가 잊히지 않도록 했다.

전치형, "세월호를 기억하는 조선공학자의 방식 [전치형의 과학 언저리]" 《한겨레》 2023년 11월 17일.

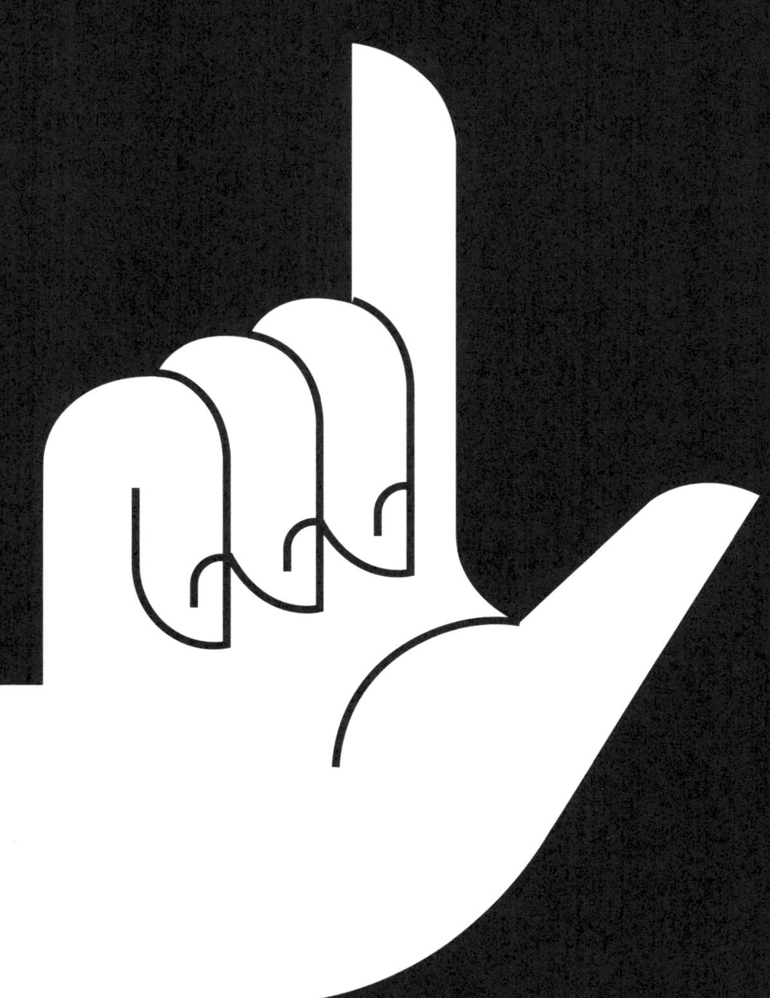

국가인권위원장, 종교와 정치, 종교와 과학

길
FARCAST

이슈
ISSUE

홍성수

숙명여자대학교 법학부 교수이며, 국가인권위원회 혐오차별대응특별위원회 위원, 법무부 양성평등정책위원회 위원, 경찰청 성평등위원회 위원, 한국법사회학회 부회장 등을 역임했다.

> "진화론에 대한 과학적 증명이 없다고 생각한다. 진화론과 창조론은 과학적 근거보다는 믿음의 문제다. 학교에서 둘을 같이 가르치면 좋겠다."

> "'동성애는 공산주의 혁명의 중요한, 핵심적 수단이다' 이런 주장이 있다. 여러 상황을 비춰볼 때 가능성이 제로라고는 저는 생각하지 않는다."

인터넷에서 종종 볼 수 있는 허무맹랑한 얘기가 아니다. 무려 국가인권위원장 후보자라는 분이 생중계 중인 인사청문회장에서 직접 발언한 내용 그대로 옮긴 것이다. 언론이 정치적 성향과 상관없이 오랜만에 한목소리를 냈다.

> "우려되는 검사 출신 안창호 인권위원장 후보의 인권 감수성" (중앙일보)

> "인권위원장 이런 논란의 인물이어야 하나" (동아일보)

> "성소수자 차별 발언하는 '안창호 인권위' 국제적 망신이다" (경향신문)

> "인권 부정하는 안창호, 인권위원장 자격 없다" (한겨레신문)

국가인권위원장 후보자 안창호의 인사청문회 후 나온 주요 신문의 사설 제목이다. 어쩌다가 여기까지 오게 된 것일까?

국가인권위원회의 탄생과 인권위원

먼저 국가인권위원회라는 조직이 탄생하게 된 배경과 역사부터 살펴볼 필요가 있다. 인권이라는 이념은 고대부터 존재했다고 할 수 있지만, 인류가 인권을 '보편적' 이념으로 합의한 것은 20세기 중반에 이르러서였다. 두 차례의 세계대전과 홀로코스트라는 대비극을 경험한 세계인들은 뼈저린 반성과 성찰 끝에 '평화'와 '인권'을 키워드로 하는 세계질서를 확립해야 한다고 생각하게 되었다. 그 결과로 나타난 조직이 1945년 탄생한 유엔UN이고, 그 정신이 집약된 문서가 바로 1948년 세계인권선언Universal Declaration of Human Rights이었다.

그 이후 인종차별철폐협약(1965), 시민적·정치적 권리에 관한 국제규약(1966), 경제적·사회적·문화적 권리에 관한 국제규약(1966), 여성차별철폐협약(1979), 아동권리협약(1989)등 다양한 국제인권규범을 제정했고, 유엔인권최고대표, 인권이사회, 시민적·정치적 권리위원회, 경제적·사회적·문화적 권리위원회 등 인권 국제기구들을 만들었다. 지역별로도 유럽인권협약, 유럽인권재판소, 미주인권선언, 미주인권재판소, 아프리카인권헌장 등 다양한 규범과 기구들이 출범하게 되었다. 이른바 '국제인권체제'가 성립하게 된 것이다.

이렇게 국제인권체제가 화려한 진용을 갖추게 되었지만, 현실에서 실질적인 인권의 이행과 실현은 만족스럽지 않았다. 그리고 인권이 현실에서 실질적으로 구현되기 위해서는 결국 개별 '국가'의 역할이 중요하다는 점이 점점 부각되기 시작했다. 인권의 이행에서 '국가'의 역할이 새롭게 주목받기 시작한 것이다. 이를 위한 다양한 방법이 모색되었으나 핵심은 국가인권기구national human rights institution라는 조직을 개별 국가에 설치한다는 아이디어였다. 국가인권기구는 각국에 설치되는 국가기구이면서 다른 국가기구들을 견인하여 국제인권규범을 실현하는 역할을 맡는 기구로 상정되었다. 그래서 국가인권기구를 '준국제기구'라고 하거나 '유엔의 위성'이라는 별명을 붙이기도 했다.

한국도 이러한 세계적인 흐름에 발맞춰 나갔다. 1990년대 들어 국제인권의 중요성에 주목하게 된 한국 시민사회는 국가인권기구 설립 운동에 나섰고, 김대중 대통령은 국가인권기구의 설립을 약속하게 되었다. 인권을 전담하는 조직의 출범에 반대하는 사람들도 있었고 기존 국가조직들의 반발도 적지 않았다. 하지만 인권에 대한 시민사회의 뜨거운 열망을 막을 수는 없었고, 결국 국회는 2001년 5월 국가인권위원회법을 통과시켰다. 그리고 2001년 11월 드디어 국가인권위원회라는 조직이 출범하게 된 것이다.

그런데 이 인권위라는 조직은 국가기구치고는 다소 특이한 위상과 역할을 가지고 있다. 무엇보다 인권위는 강제적 집행력을 가지고 있는 다른 행정기구, 사법기구와는 달리, 권고, 교육, 홍보, 협력 등의 권한만 부여되었다. 고도의 독립성을 보장받기는 했지만, 실질적인 권한은 약할 수밖에 없었다. 자칫 잘못하다간 인권이라는 거창한 구호만 내걸었을 뿐, 종이호랑이로 전락할 수 있는 취약한 조직이었다.

인권위가 이러한 한계를 돌파할 수 있는 유일한 방법은 '사람'이었다. 인권위를 구성하고 있는 인간들에 대한 신뢰와 믿음이 인권위의 활동에 권위와 힘을 불어넣을 수 있다는 것이었다. 실제로 인권위는 취약해 보이는 권한에도 불구하고 적지 않은 영향력을 갖고 있다. 인권위의 권고recommendation는 말 그대로 권고이기 때문에 피권고기관이 원칙적으로 권고를 수용해야 할 법적 의무가 없다. 하지만 인권위 진정사건 및 직권조사에 대한 권고 수용률, 정책권고 수용률은 80%에서 90%를 넘나든다. 인권위의 권고를 받은 대부분의 기관들이 (공공기관, 사적 기관을 막론하고) 그 권고를 수용하고 있다는 얘기다.

인권위가 강제적 권한이 없음에도 불구하고, 그 '권위'를 존중받고 있다고 할 수 있는 장면이다.

국가인권기구에 대한 모든 국제 문서들도 '국가인권기구의 인적 구성'을 유독 강조하고 있으며, 각국의 국가인권기구들도 위원을 선임하는 절차에 많은 공을 들이고 있다. 한국의 시민사회와 학계도 국가인권위원회를 구성하는 사람들, 특히 위원장과 위원들의 자격과 임명 절차에 대해 많은 관심을 기울여왔다. 부적격 인물에 맞서 거센 항의를 하기도 했고, 직접 인권위원장 자격 가이드라인을 제정하기도 했다. 그 결과 현행 국가인권위원법은 인권위원장 후보 추천위원회 구성위원 인선 절차에 대해 그 어떤 조직보다 자세한 규정을 두게 되었다. 인권위원장이나 인권위원에 대해 시민사회와 학계에 다소 엄격한 기준을 들이대고, 때로는 거칠게 항의하는 이유는 인권위라는 조직에서 '인물'이 차지하는 중요성이 너무나 크기 때문이다.

갑작스레 찾아온 국가인권위의 위기

흔히 인권에는 진보, 보수가 따로 없다는 얘기를 한다. 원칙적으로 맞는 말이지만, 사실 어느 정도 정치적 성향은 있을 수밖에 없다. 인권이라는 가치 자체는 그 누구도 부정할 수 없지만, 인권을 보장하는 방법에 이견이 있을 수 있고, 새로운 인권 개념을 수용할 때 속도 차이 정도는 있을 수 있기 때문이다. 인권위는 진보 성향의 김대중 정부의 유산이었지만, 보수 정부하에서도 그 명맥이 유지될 수 있었다. 보수 정부는 당연히 보수적 인물을 선임했지만, 인권위의 이념에 완전히 배치되는 인물은 많지 않았다. 오히려 보수 성향의 인권위원이 더 열성적으로 활동하는 경우도 있었고, 보수적 관점에서 인권을 되돌아볼 수 있도록 기회를 제공하기도 했다.

그런데 윤석열 정부 들어 이상 조짐이 보이기 시작했다. 정부 출범 이후 대통령과 여당이 임명한 상임위원들은 그동안 우리가 보아왔던 건전한 보수가 아니었다. 그들은 인권위의 활동에 발목을 잡고 역사를 거꾸로 돌리는 일을 매우 적극적으로 수행했다. 그나마 국가인권위원장이 중심을 잡고 있었기에 최악은 막을 수 있었다.

그리고 2024년 새로운 인권위원장 후보자로 안창호 변호사가 임명되었다. 설마가 현실이 된 것이다. 그는 차별금지법이 "공산주의 혁명으로 가는 수단이 될 수 있다"는 시대착오적인 이야기를 하거나, 양심적 병역거부, 수형자 선거권, 사형제, 낙태죄 등에 대해서 기존 인권위 입장에 정면으로 반대되는 입장을 견지해온 인물이었다. 그동안 인권위에서 긍정적인 역할을 하던 건전한 보수 인사와는 전혀 다른 결의 인물인 것이다. 게다가 그는 보수개신교 내에서도 가장 극단적인 입장을 법률적으로 적극 지원해온 인물이기도 하다. 이런 극단적 입장을 견지한 인물이 고위공직자에 임명된 적은 없었을 것이다.

인사청문회는 더 가관이었다. 그동안의 고위공직자들을 보면 기존의 어떤 발언이 문제가 되면, 한발 물러서서 '표현이 과했다', '지금은 생각이 달라졌다'고 둘러대며 적당히 넘기는 경우가 대부분이었다. 하지만 안창호 후보는 달랐다. 그는 집요하게 추궁하는 의원들에 맞서, 본인의 입장을 굽히지 않았다.

동성애가 공산주의 혁명의 수단이라는 발상도 참으로 신선했지만, 창조론을 학교에서 가르쳐야 한다고 당당히 주장하는 대목은 신기할 정도였다. 도대체 무슨 창조론을 가르친다는 것일까? 창조론은 어떤 신에 의해 우주 만물이 탄생했다는 이론이다. 창조론은 그리스도교 전통에서만 이야기되는 것이 아니다. 이슬람과 힌두교도 창조론의 전통에 기반하고 있고, 범신론적 창조론, 우주인창조론도 있다. 물론 종교의 관점에서, 신화로서 창조론을 다루는 것은 가능할 것이다. 그런데 안창호 후보자 발언의 맥락을 보면, 인류의 탄생이라는 과학적 문제를 다룰 때 진화론과 창조론이 '동등한 위상'으로 다뤄져야 한다는 것으로 보인다. 그는 아주 당당히 "학교에서 둘을 같이 가르치면 좋겠다"라고 말했다. 과학 교과서에서 창조론을 어떻게 가르칠 수 있을까?

우리는 수업 시간에 생물의 다양성, 변이와 적응, 적자생존 등 진화에 관한 과학적 이론이 어떤 논쟁과 검증을 통해 발전해 왔는지를 배워왔다. 미국의 수도 워싱턴에 있는 자연사박물관에는 원숭이를 닮은 인류의 조상이 발전해 왔다는 불경한(!) 내용을 버젓이 전시하고 있다. 아무리 생각해도 과학과 과학교육에서 창조론이 설 자리는 없어 보인다.

종교의 자유와 종교의 분리

수많은 실험을 통해 가설을 검증해서 지지하는 과학에 비해 창조론은 믿음의 문제일 수밖에 없다. 믿음은 반증이 불가능하다는 특성이 있다. 그래서 우리는 다른 사람의 믿음에 대해 논쟁하거나 과학적 검증의 대상으로 삼지 않는다. 대신, 그 신념을 '존중'한다. 종교적 신념을 따지지 않고 그냥 존중한다는 것은 종교에 관한 '인권'이론의 핵심이다. 〈시민적, 정치적 권리에 관한 국제규약〉에서는 종교에 대한 자유와 권리를 이렇게 규정하고 있다.

> "인종, 피부색, 성별, 언어, 종교, 정치적 또는 그 밖의 의견, 민족적 또는 사회적 출신, 재산, 출생 또는 그 밖의 신분 등에 따른 어떠한 종류의 차별도 없이 이 규약에서 인정되는 권리를 존중하고 보장하기로 약속한다." (2조 1항)

> "모든 사람은 사상, 양심 및 종교의 자유에 대한 권리를 가진다. 이러한 권리는 스스로 선택하는 종교나 신념을 가지거나 받아들일 자유와 개인적으로 또는 타인과 공동체로 그리고 공적 또는 사적으로 예배, 의식, 실천 및 교육을 통하여 그의 종교나 신념을 표명하는 자유를 포함한다." (18조 1항)

우리 헌법도 다음과 같이 규정하고 있다.

> 대한민국헌법 20조
> ① 모든 국민은 종교의 자유를 가진다.
> ② 국교는 인정되지 아니하며, 종교와 정치는 분리된다.

의심할 여지 없이 '종교'에 대한 자유와 권리는 인권의 중요한 목록 중 하나이다. 근대국가는 한편으로 종교의 자유를 강하게 보장하고, 다른 한편 종교를 정치로부터 분리했다. 동시에 종교는 과학으로부터도 분리되었다. 종교를 세속사회와 분리하는 것은 종교의 고유 영역을 인정하면서 세속사회와 공존을 꾀하는 절묘한 선택이었다. 그런데 이 분리가 깨지게 되면 심각한 문제가 생긴다. 정치에 종교적 신념이 개입하는 순간, 정치체계는 그 고유의 기능을 상실하고, 분쟁과 갈등이 격화될 수밖에 없다. '믿음'의 문제는 정치적으로 조정할 수 없는 문제이기 때문이다. 과학에 종교적 신념이 끼어드는 순간 과학체계의 고유성이 파괴된다. 믿음의 문제는 과학적 방법론으로 접근할 수 있는 문제가 아니기 때문이다.

강력한 '종교적 신념'을 가진 사람이 국가인권위원장에 임명되었다. 개인으로서 그의 종교적 신념은 존중되고 보호받아야 마땅하다. 하지만 장관급 고위 공직자가 그것도 인권에 관한 국가기구의 수장이 되어 종교적 신념을 반영한 정책을 펼친다는 것은 전혀 다른 문제다. 이제, 창조론을 가르치지 않는 과학 교과서가 '학습권'을 침해했다는 주장이 제기될 수도 있다. 낙태, 양심적 병역거부, 성소수자 인권 등의 문제가 특정 종교의 신념에 따라 처리되는 것을 보게 될지도 모른다. 그동안 국가인권위원회가 지켜온 관점과 활동을 정면으로 부정하는 결정이 내려질 수 있다는 것이다. 그뿐만이 아니다. 종교와 과학을, 종교와 정치를 엄격하게 구분해왔던, 그리고 그렇게 평화와 공존을 지켜왔던 대한민국이라는 국가공동체의 사회적 합의에 균열이 생길 수도 있다.

불행히도 이런 상황까지 왔지만, 최악으로 가는 것을 막는 유일한 방법은 다시금 시민의 관심과 참여다. 2000년대 초반, 불가능할 것만 같았던 '인권을 전담하는 국가기구'를 만들어 낸 것은 시민들의 뜨거운 열망이었다. 인권위가 인권위답게

제 역할을 해야 한다는 우리의 열망이 식지 않았다면 이 모든 걱정은 기우에 불과할지도 모른다. EPI

안창호를 위한 변명

길
FARCAST

이슈
ISSUE

이정모

연세대학교와 같은 대학원에서 생화학을 공부하고 독일 본 대학교에서 유기화학을 연구했지만 박사는 아니다. 안양대학교 교양학부 교수와 서대문자연사박물관, 서울시립과학관, 국립과천과학관 관장을 지냈다. 대중의 과학화를 위한 저술과 강연활동을 하고 있다. 『찬란한 멸종』, 『과학이 가르쳐 준 것들』, 『저도 과학은 어렵습니다만』, 『과학관으로 온 엉뚱한 질문들』, 『과학책은 처음입니다만』, 『달력과 권력』, 『공생 멸종 진화』 등을 썼다.

1925년 3월 13일 미국 테네시 주의회는 세계기독교근본주의협회의 주 지부회장인 존 버틀러가 발의한 법안을 통과시켰다. 공립학교가 성경에 반하는 교육, 예컨대 진화론을 가르쳐서는 안 된다는 게 요지였다. '근본주의'를 자랑스럽게 단체명에 쓰던 시절도 있었다. 요즘 어디 가서 "나는 근본주의자야"라는 이야기 들어보셨는가? 나는 근본주의자라고 하면 테러리스트가 떠오른다.

당시 25살이던 교사 스코프스가 버틀러 법을 어기고 기소되었다. 스코프스의 변호사 클래런스 대로우는 "어떤 이론이나 과학적 견해가 어떤 종교적 사상과 상충된다고 해서 국가가 그것을 금지할 수 있는 권리를 가지는 것은 아니다. 만일 그런 권리가 있다면 대부분의 천문학과 지질학도 금지조치를 당해야 할 것이다"라고 변론했다.

재판은 미국 전역에 라디오로 중계되었다. 많은 이들은 이때 스코프스가 이겼다고 기억한다. 실제로는 스코프스가 졌다. 벌금형을 받았다. 스코프스는 항소심에 가서야 이겼다. 하지만 스코프스의 변론이 성공해서가 아니라 원심에 기술적인 오류가 있었기 때문이었다. 버틀러 법이 폐지된 것은 그로부터 무려 42년 후인 1967년 5월 18일의 일이다. 법이 폐지되기까지 오래 걸렸지만 스코프스 재판 이후 모든 교사들은 마음껏 진화론을 가르칠 수 있었다.

근본주의자들조차 자기 자녀들에게 진화론을 가르치는 교사를 고소할 수 없는 사회 분위기에 적응한 것이다. 물론 미국 남부 보수 개신교단들은 잊을 만하면 한 번씩 논쟁을 일으키려고 하지만 통하지 않는다. 다시 볼 필요도 없는 꺼진 불이다.

윤석열 정부가 들어선 후 세상은 거꾸로 가고 있다. 그렇지 않아도 더디던 에너지 전환은 중단된 것과 마찬가지인 상태다. 의료 보험 보장은 줄고 있고 친일파가 세상을 지배한다. 일제강점기에 냉동되었다가 갑자기 해동된 사람이 TV를 보면 매우 혼란스러울 것 같다. 화면으로 보는 세상은 자신이 냉동되던 날의 모습과 완전히 다르지만 거기서 떠드는 사람들의 말은 마치 어제 일 같으니까 말이다. 김문수 고용노동부장관은 인사청문회에서 “일제강점기 당시 우리 선조들의 국적은 일본이었다”고 하고 김형석 독립기념관장은 “1945년 광복절을 인정하느냐”는 질문에 답변을 거부했다.

내게는 더 충격적인 사람이 있었다. 안창호 국가인권위원장 후보자는 “진화론은 배울 필요가 없다”고 주장했다. 오호! 신기한 주장이다. 보통 창조론을 옹호하는 이들은 “교육 과정에서 진화론을 가르친다면 창조론도 가르쳐야 한다고 생각한다”라고 이야기한다. 그런데 그는 한발 더 나아간다.

"(진화론은) 배울 필요가 없어요. 진화론이라는 게 하나의 가설에 불과한 겁니다. 진화론의 가능성은 0입니다." 수세적이지 않고 공세적이다. 대놓고 근본주의자임을 뽐낸다. "에잉~, 그러지 말고 우리 창조론도 가르치게 해줘용." 정도가 아니라 "니네 진화론 가르치지 마!"라고 윽박지르는 거다.

다 용서하자. 배움이 짧은 걸 어떻게 하겠는가? 그들이 얼마나 좋은 대학을 나왔느냐는 중요하지 않다. 우리나라 교육이 그랬다. 나도 마찬가지였다. 진화에 대해 별다른 교육을 받지 못했다. 초등학교 3학년 때였다. 선생님이 어디서 읽으셨는지 (교과 과정과는 전혀 상관없는) '진화'와 '용불용설'이라는 희한한 단어를 들려주셨다. 뜬금없었다.

"생명은 변한다. 이걸 진화라고 한다. 그런데 가만히 있으면 변하는 게 아니고 끊임없이 노력해야 변한다. 기린이 조금씩 높이 달린 나무 이파리를 먹으려고 노력하다 보면 자신도 모르는 사이에 목이 조금씩 길어진다. 그리고 목이 길어진 기린은 목이 긴 새끼를 낳는다. 어미의 노력이 자식에게 이어지는 것이다. 하지만 높은 곳에 있는 이파리를 먹으려는 노력을 하지 않는 기린은 목이 길어지지 않는다. 그리고 거기서 태어난 새끼도 목이 짧다. 이것이 바로 용불용설이다. 노력은 자신만 변화시키는 게 아니라 자식까지도 변화시킨다. 그러니 우리도 모두 모든 부분에서 노력해야 한다. 그래야 우리도 발전하고 자식들도 발전한다."

선생님은 우리에게 공부 열심히 하고 철봉도 열심히 하라는 것을 강조하기 위해 어디선가 들은 용불용설을 말씀해 주신 것이다. 나는 용불용설의 용을 用이 아니라 龍으로 이해했고 그래서 이 단어가 매우 멋지다고 생각했다. 첫 경험은 강력하다. 초3 담임 선생님의 말씀은 오래도록 뇌리에 남아 신념이 되었다. 다행히 중학교 과학 선생님도 내 신념을 끊지는 못하셨다. 원래 중학교 과정에서는 자연선택설이 맞고 용불용설은 틀리다는 것을 알려주어야 하는데 선생님이 자주 헷갈리셨다. 그분은 용불용설이 자연선택설을 옹호한다고 생각하셨다.

고등학교에 가서야 처음으로 제대로 배웠다. 당시 인기 참고서였던 『로고스 생물』의 공저자 두 명 가운데 한 명인 김영진 선생님은 내 인생 최고의 생물 선생님이었다. 선생님의 판서만 달달 외우면 만점을 맞을 수 있었다. 게다가 명쾌하게 이해시키는 재주도 갖고 계셨다.
"바이러스는 기생생활을 한다. 기생은 누구에게 얹혀사는 건데, 그걸 숙주라고 하지. 바이러스는 숙주에 따라서 동물성, 식물성, 세균성으로 나눌 수가 있어." 설명

다음에는 꼭 질문이 이어진다. “정모, 네가 감기에 걸렸다고 해보자. 그렇다면 그 감기 바이러스는 동물성, 식물성, 세균성 어느 바이러스에 해당할까?” 감기라면 뭔가 세균 비슷한 것 같아서 나는 “세균성 바이러스입니다”라고 대답했다. “정모, 정모는 자신이 세균이라고 생각하는 거니?” 이 대화로 나와 내 친구들은 기생과 숙주 개념을 확실히 하게 되었다.

김영진 선생님은 용불용설도 확실히 정리해 주셨다. 교과서에는 두 장의 그림이 있었다. 왼쪽 그림에는 목이 짧은 기린들의 목이 점점 길어지고 있었고, 오른쪽 그림에서는 목의 길이가 다양한 기린 무리에서 결국 목이 긴 기린만 살아남았다. 중학교 때 보던 바로 그 그림이었다. 고등학교 선생님은 중학교 선생님과 달리 헷갈리지 않고 분명히 말씀하셨다. “용불용설은 틀렸고 자연선택설이 맞다.”

하지만 초등학교 3학년 때 이미 담임 선생님께 용불용설을 세뇌당한 나는 반항했다. 그러자 김영진 선생님은 특유의 화법으로 내게 물으셨다. “정모, 네가 말하는 것은 획득형질이 유전된다는 거잖아. 그러면 네가 사고를 당해서 손이 잘리면 네 자식도 손이 잘려서 태어나니?” 금방 깨달았다. 용불용설은 말이 안 됐다. 하지만 난

기분이 나빴다. 선생님도 딱 거기까지였다. 용불용설이 틀린 것은 알겠는데 자연선택설이 맞다는 것은 내게 보여주지 않으셨다. 그리고 또 선언하셨다. “시험에 나오면 용불용설은 틀리고 자연선택이 맞는 거야. 그렇게 골라! 그게 답이야! 끝!” 성적에 눈이 먼 나는 속마음과 달리 선생님의 가르침대로 답을 골랐다. 성적은 좋았다.

대학에서는 어땠을까? 대학 진학에는 큰 오해가 있었다. 생화학生化學을 ‘生花學’으로 착각하고 공부를 시작하기는 했지만 생물학과 출신의 교수님께 생물학을 제대로 배웠다. 정말로 꼼꼼하게 가르치셨다. 모든 것을 너무 꼼꼼하게 설명하셔서 정작 어떤 게 중요한 것인지 구분하지 못할 정도였다. 이런 분이 진화 챕터는 건너뛰셨다.

왜 진화를 건너뛰셨을까? 내가 정작 배우고 싶은 것은 그거였는데 말이다. 난 교수님의 신앙 때문이라고 생각했다. 독실한 기독교인의 입으로 차마 진화, 자연선택, 찰스 다윈 따위를 거론할 수 없을 것 같았다. 이해할 수 있었다. 나에게 성경을 가르쳐 준 교회 주일학교 선생님들도 그랬으니까. 주일학교 교사는 성경도 가르쳐주시고 떡볶이와 오징어튀김도 사주시면서 영적으로 그리고 육적으로 은혜를 베풀어주시는 분이었다. 인격적으로 뛰어났다. 예수를 팔아먹은 가롯 유다를 빼고는 그 어떤 사람에 대해서도 험담을 하지 않았다. 단 하나의 예외가 있었으니 바로 '다윈'이었다. 다윈은 이름 자체가 죄악이었다. 김일성급으로 나쁜 놈 취급을 하셨다.

대학 때 생물학을 가르치신 교수님이 진화를 건너뛴 이유에 대해서는 나중에야 짐작하게 되었다. 신앙 때문이 아니었다. 그분은 그런 분이 아니다. 자신의 신념과 다르다고 해서 가르쳐야 할 것을 가르치지 않을 분이 아니고, 또 비록 기독교인이기는 하지만 과학자로서 진화론을 부인하지도 않으셨다. 이유는 따로 있는 것 같다. 교수님은 진화를 이해하지 못했다. 그러니 가르치지 않고 건너뛴 것이다. 돌이켜 보면 이런 일은 한두 번이 아니었다. 한국에서 초등학교 때부터 대학원을 졸업할 때까지 그 어떤 선생님도 용불용설이든 자연선택설이든 진화론을 이해하고 가르친 분은 없었다. 충분히 이해한다. 왜? 그들도 배워본 적이 없기 때문이다. 1989년까지 대한민국에서 내가 만난 선생님 가운데 진화론을 이해한 분은 한 사람도 없었다고 나는 단언한다.

독일 유학 시절 교수님은 내가 찰스 다윈의 『종의 기원』을 읽지 않은 걸 알고 충격받으셨다. "아니, 『종의 기원』도 읽지 않고 생화학자의 탈을 썼다고!" 내가 아예 안 읽은 것은 아니다. 1984년부터 읽으려고 했으나 읽기가 너무 힘들었다. 내 탓이 아니다. 다윈이 책을 정말 이상하게도 재미없게 썼기 때문이다. 『종의 기원』을 마침내 다 읽은 것은 2007년의 일이다. 꼬박 23년이 걸렸다.

나는 안창호 국가인권위원장에게 같은 믿음의 형제로서 진화론을 이해하는 책을 추천하려고 한다. 시작은 만화책으로! 2013년에 나온 『세상에서 가장 재미있는 진화』(제이 호슬러, 김명남, 궁리)가 좋다. 만화책이라고 만만하게 보면 안 된다. 이 책을 제대로 이해하려면 약간의 사전 지식이 필요하다. 장대익 교수의 해제가 붙어 있는 『그래픽 종의 기원』(마이클 켈러, 이충호, 랜덤하우스)을 함께 읽으면 좋다. 글로 된 책으로는 윤소영 선생님이 중학교 생물교사 시절에 쓴 『종의 기원, 자연선택의 신비를 밝히다』(사계절)가 있다. 윤소영 선생님은 다윈보다 다윈의 진화론을 더 잘 설명한다. 다윈 이후의 진화이론에 대한 설명도 충분하다. 다윈에서 최근에 이르는 진화이론을 논쟁적으로 살펴보기 원한다면 『다윈의 식탁』(장대익, 바다출판사)이 최고다. 1859년 영국에서 『종의 기원』이 나왔다면 2008년 한국에서는 『다윈의 식탁』이 나왔다. 다윈 이후 150년 동안의 진화론 발전이 고스란히 담겨 있다.

내가 소개한 네 권의 책을 읽는 데는 시간이 많이 걸리지 않는다. 이젠 『종의 기원』을 사서 꽂아놓을 차례다. 힘들여서 재미없는 『종의 기원』을 읽을 필요는 없다. 하지만 꽂아는 두시라. 21세기 지식인이라면. 안창호가 아니라 안중근이라도 배우지 못하면 방법이 없다. 늦지 않았다. 읽으시라! 요즘 유튜브도 좋다. EPI

자동화된 성착취: 딥페이크 성범죄와 생성형 AI의 기술윤리

길
FARCAST

이슈
ISSUE

AI 윤리 레터

2023년부터 매주 인공지능 기술과 사회의 접점에서 일어나는 소식을 전하고 있다.
구독하기: ai-ethics.kr

딥페이크 성범죄, 오래된 미래

2024년 5월, 이른바 '서울대 딥페이크 사건'으로 알려진 딥페이크 성범죄의 가해자가 검찰에 송치되었다. 피해자 중 한 명과 또 다른 디지털 성범죄 사건인 N번방을 취재했던 추적단불꽃 활동가 원은지가 2년간 추적해 경찰에 넘긴 결과였다. 몇 번의 신고와 "텔레그램은 추적할 수 없다"는 답변, 그리고 재수사 끝에 가해자를 붙잡은 뒤, 원은지는 이렇게 말했다.

> "이건 그저 재미로 사진을 합성하는 경범죄가 아니다. (…) 점차 확산되는 범죄라는 걸 우리 사회가 알아야 한다. [가해자] 검거를 계기로 부디 '지인 능욕'이라는 어정쩡한 이름을 버리고, 범죄의 무게에 맞는 이름을 두고 제대로 된 논의가 시작되길 바란다."[1)]

딥페이크 성착취물을 성범죄로 처벌하는 법은 2020년 'N번방 처벌법'이라는 별칭으로 처음 제정되었다. 당시 법무부 차관, 법원행정처 차장 등은 "청소년이나 자라나는 사람들은 자기 컴퓨터에서 그런 짓 자주 한다", "자기는 예술 작품이라고 생각하고 만들 수 있다"며 디지털 성범죄에 대해 부족한 인식을 드러냈다.[2)] 결국 제작, 그것도 반포 목적을 띤 행위만 죄가 된다는 조건이 달렸다.

그로부터 4년, 서울대 사건이 터졌고, 8월과 9월에는 더 많은 텔레그램 내 딥페이크 성착취물 공유방이 연달아 세상에 폭로됐다. 대학생부터 중고등학생, 교사나 군인 등 각계각층의 여성들이 자기도 모르는 새에 성착취의 피해자가 되었다. 딥페이크 성범죄가 일상에 깊이 침투한 현실이 드러난 것이다. 시민들의 요구 끝에 9월 26일, 딥페이크 성착취물 제작에 반포 목적이 있어야만 처벌한다는 조건을 없애고 성착취물을 소지·시청만 해도 처벌하는 성폭력특별법 개정안이 국회를 통과했다. 4년 반 만의 개정이었다.

생성형 AI를 활용한 이미지 합성 기술로 사람을 모사하는 딥페이크 성범죄는 많은 이들이 예견했고 경고한 사태다. 2018년, 인도의 모디 정권을 비판해온 여성 언론인 라나 아유브의 얼굴과 포르노 동영상을 합성한 딥페이크를 유포하는 온라인 혐오 행위가 있었다. 2022년에는 비동의 성착취물 반대 캠페인을 벌여온 활동가 케이트 아이작스도 딥페이크 성착취물의 표적이 되었다. 올해 초에는 X(트위터)에서 AI로 가수 테일러 스위프트와 미국 하원의원 알렉산드리아 오카시오 코르테스를 각각 묘사하여 만든 성착취물이 대량 유통되기도 했다. 대만에서는 딥페이크 성착취 영상물을 제작, 텔레그램을 통해 공유하고 판매하여 2021년 검거된 유튜버 '샤오위'

등 일당이 징역형을 선고받아 복역 중이다. 그들은 여성 정치인, 연예인 등 백여 명의 얼굴을 성착취물에 합성하여 유통했다. AI 기술 활용, 텔레그램 기반 유통망, 금전 편취를 목적으로 한 영상 유포 협박, 사건 이후 형법 개정까지 2024년 한국과 판박이다.

실재와 구분하기 어려운 이미지를 손쉽게 만들어내는 생성형 AI를 성착취물을 제작하고 확산하는 데 쓰는 것은, 쉽게 예측할 수 있었던 '오래된 미래'다. 그러나 우리 사회는 쉽게 예상했던 사태를 막기는커녕 청소년들마저 범죄를 놀이로 여기게 한 지옥 같은 현실을 만들고야 말았다. 어떻게 이런 상황에 이르렀을까?

낮아진 이미지 합성 기술의 문턱

딥페이크 성착취물은 이미지 합성 기술을 활용하여 여성 신체를 착취한다. 딥페이크가 이런 성착취에 처음 사용된 기술은 아니다. 아는 사람의 얼굴을 활용하는 이른바 '지인 능욕' 역시 N번방 사건에서부터 쓰인 용어다. 포토샵 같은 이미지 편집 도구를 이용해 포르노에 등장하는 신체 사진을 합성('포샵')하는 행위는 오래된 디지털 성폭력 유형으로, 국내에서도 이미 1997년에 여성 연예인 얼굴에 다른 나체 사진을 합성하는 인터넷 서비스를 언론이 문제 삼은 바 있다. 그전부터 존재한 비동의 불법 촬영물,

'몰카'도 소형 카메라를 활용하는 또 하나의 주요한 성폭력 범죄 유형이다. 포샵-몰카-딥페이크로 이어지는 이미지 기반 디지털 기술이 매개하는 젠더 폭력의 계보를 그릴 수 있다. 카메라가 피사체의 기록을 가능케 하고 포토샵이 이미지 편집·합성을 수월하게 했다면, 딥페이크는 합성을 자동화하여 성착취물 생산의 문턱을 낮췄다.

딥페이크 성범죄가 만연할 수 있었던 배경에는 수년간 비약적으로 발전한 컴퓨터 비전computer vision 기술이 있다. 많은 계산을 병렬로 수행하는 데 최적화된 GPUgraphics processing unit 성능이 빠르게 향상되면서 딥러닝 기술이 발전할 수 있었고, 미리 대규모로 학습한 모델을 활용하는 전이학습이 대세가 되었다. 그 결과 컴퓨터 전문가가 아닌 사람도 손쉽게 이미지를 합성할 수 있게 되었다.

2014년 제안된 생성적 적대 신경망Generative Adversarial Network; GAN은 머신러닝을 통한 이미지 합성의 포문을 열었다. GAN은 변분 오토인코더Variational Auto-Encoder; VAE기반의 생성자를 판별자와 대결하도록 학습시켜 진짜와 흡사하지만 새로운 가짜 이미지를 생성한다. GAN을 줄기로 하여 이미지 합성 기술은 급속도로 발전했고, 표정 등을 바꾸어 얼굴을 합성하는 것도 가능해졌다.

이 기술이 딥페이크라는 이름으로 처음 등장한 건 2017년 인터넷 커뮤니티 레딧Reddit에서다. 한 이용자가 자신의 닉네임을 '딥러닝'과 '페이크'의 합성어인 '딥페이크'deepfakes라고 짓고, 게시판에 유명인의 얼굴을 포르노와 합성한 영상을 올렸다. 그의 채널은 사람들이 딥페이크 제작 방법을 공유하고 성착취물을 업로드하는 공간이 되었다. 닉네임이던 딥페이크는 AI를 활용한 합성물의 대명사가 되었고, 딥페이크 제작 도구를 오픈 소스로 개발하는 프로젝트도 다수 생겨났다.

최근에는 확산 모델Diffusion Model의 성장으로 이미지 생성의 성능과 접근성이 더욱 높아졌다. 확산 모델은 노이즈로 훼손된 이미지를 여러 단계에 걸쳐 복원하도록 학습한다. 학습 과정에 이미지의 설명이 함께 주어졌다면 텍스트로부터 설명에 맞는 이미지를 생성하는 것도 가능하다. 확산 모델이 보급되면서 학습시킨 모델이나 그 일부를 배포하는 일도 흔해졌다. 이제 이용자는 원하는 피사체, 상황, 스타일에 맞게 모델을 찾아 조합한 뒤 텍스트 명령어를 입력해 이미지를 생성할 수 있다.

이미지 합성 기술이 발전한 만큼 딥페이크 성착취물의 유형 역시 다변화하고 있다. 성착취물에 피해자의 얼굴사진을 합성할 뿐만 아니라, 피해자의 사진을 조작해 성적 상황을 암시하거나 불쾌감을 주기도 한다. 확산 모델의 등장 이후 이제는 제작자가 피해자의 사진을 보유할 필요마저 없어졌다. 모델 개발자가 특정 피해자의 사진으로 학습시켜 놓은 모델을 내려받아 이미지를 생성하는 일이 가능해졌기 때문이다. 전문가의 영역이었던 합성영상 제작은 이제 비전문가도 손쉽게 할 수 있는 일이 되었고, 성착취물 역시 예외가 아니다.

2022년 8월, 확산 모델을 이용한 딥페이크 생성이 활발해지는 데 중요한 계기가 된 일이 있었다. '스태빌리티AI'라는 스타트업이 이미지 생성 모델 '스테이블 디퓨전SD'을 완전히 공개하겠다는 계획을 밝히자, 그해 초 오픈AI의 '달리2DALL·E 2' 등의 등장으로 촉발된 이미지 생성 AI에 관한 대중적 관심이 한층 더 뜨거워진 것이다. 안전상의 이유 등으로 모델 파일은 공개하지 않고 자체 서비스를 통해서만 이미지 생성 기능에 접근할 수 있게 한 오픈AI나 구글과 다르게, 스태빌리티AI는 모델을 우선 공개하고, 대신 이용자에게 "윤리적, 도덕적, 합법적으로 사용"해달라고 당부하는 모양새를 취했다.

그 당부가 무색하게도 일각에서는 곧바로 SD를 활용해 성착취물 제작을 시작했다. 레딧, 4chan 등 익명 커뮤니티 이용자들이 SD의 안전장치를 해제하여 성착취물을 만들고, 그 이미지뿐만 아니라 그것을 생성하는 데 활용한 명령어, 설정값 등을 공유하기 시작한 것이다. 신체 부위나 자세를 묘사하는 성착취물 제작 '성능'을 향상하기 위해 SD 모델을 특정 유형의 이미지로 미세조정한 수정 모델을 제작·배포하는 행위도 활발해졌다. 이렇게 '최적화'한 생성 모델은 제작자가 공개적으로 배포하거나 AI 이미지 생성 플랫폼에 제공한다. 플랫폼은 그 모델로 이미지를 생성하는 기능을 유료화하고, 이용자에게 받은 수익을 모델 제작자에게 배분한다.

2024년 한국의 딥페이크 성범죄 사건은 이와 같은 생성형 AI 기반 성착취물 제작 생태계가 텔레그램 등의 플랫폼을 기반으로 하는 조직범죄와 결합한 사례다. 가해자를 특정하기 어려운 익명성과 국내 치안이 닿기 어려운 해외 서비스를 발판 삼아 일반인 대상 범죄가 이루어졌다는 사실은 소라넷, 웰컴투비디오, 웹하드 카르텔, N번방 등 그간의 한국 성착취물 시장을 관통하는 특징이기도 하다. 요컨대 딥페이크 성범죄는 성착취물 제작을 용이하게 하는 기술적 조건의 대두(소형 카메라, 이미지 편집 프로그램, 이미지 조작 AI 등)와 웹·메신저 등 익명 커뮤니티를 통한 성착취물 유통의 산업화, 두 가지 기술-사회적 맥락이 만나는 지점으로 읽을 수 있다.

생성형 AI 생애주기와 자동화된 성착취 구조

우리가 목도하고 있는 생성형 AI 기술의 발전은 인터넷의 방대한 데이터를 자기지도학습self-supervised learning에 활용하고, 학습 데이터로부터 추출한 속성을 일반화하여 재현하는 방식에 기반한다. 여기서 필요로 하는 데이터 수집부터 처리, 활용에까지 이르는 과정이 공공연히 별다른 동의나 허가, 안전 조치, 보상 없이 이루어지다 보니 저작권, 프라이버시와 더불어 노동권 침해에 관한 논쟁을 불러일으키기도 한다. 수많은 GPU로 구성된 거대한 데이터센터, 그리고 그 안에서 끊임없이 개발되고 운영 중인 최소 수십억에서 수천억 파라미터로 이루어진 대규모 AI 모델까지 이 기술이 작동하기 위해 투입되는 모든 종류의 자원을 추적해보면 그 이름에는 '생성'보다 '추출'이 더 어울린다. 이러한 점에서 추출주의extractivism라는 관점에서 AI를 살펴볼 수도 있을 것이다. 다만 AI가 추출하는 것은 유무형의 자원만이 아니다.

이미지 생성 AI 모델 학습에 쓰이는 가장 유명한 데이터셋은 비영리기관을 표방하는 LAION이 제공하는 LAION-5B다. 이 데이터셋은 2023년 말 제공 중단되었다가 일부 데이터 제거 후 다시 배포되었다. 스탠퍼드 인터넷 관측소Stanford Internet Observatory가 데이터셋에 아동성착취물이 다수 포함되어 있다고 지적한 데 대한 대응이었다.[3] 법적·윤리적으로 중대한 아동성착취물 관련 사안인 만큼 빠른 조치가 이뤄졌지만, 사실 이번이 첫 문제 제기는 아니었다. 3년 전 공개한 LAION-400M 데이터셋 역시 강간, 포르노, 여성 연예인의 합성 누드 등 성적으로 부적절한 사진을 포함할 뿐만 아니라 여성혐오적 표현과 편향이 담겨있다는 분석 결과가 있었다.[4] 하지만 당시 LAION은 자체 AI 분류 모델을 통해 아동성착취물을 일부 제외하거나 일부 이미지에 "NSFW (Not Safe For Work; 성적·폭력적 콘텐츠를 뜻하는 인터넷 용어)"라는 태그를 다는 정도의 대응을 하는 데 그쳤다.

이 때문에 그동안 LAION 데이터셋을 그대로 학습한 AI 모델은 아동성착취물을 비롯한 각종 부적절한 이미지를 생성하는 문제에서 벗어날 수 없게 되었다. 최근 네이버 자회사 스노우의 AI 합성 서비스가 이용자가 업로드한 사진을 바탕으로 외설 이미지를 출력한 사건도 이와 관련이 있다. LAION 데이터셋을 학습한 대표적인 모델이 바로 스태빌리티AI의 SD이고, 스노우는 SD를 활용해서 서비스를 개발했다. 이 사건은 이용자가 촬영한 일상 모습을 당사자가 성적 수치심을 느낄 수 있는 선정적인 사진으로 만들어냈다는 점에서 딥페이크 성착취물 제작 범죄와 궤를 같이한다. 규모 있는 기업에서 정식으로 출시한 서비스인만큼 각종 검토를 거쳐 나름의 방지

방안이 적용되었을 텐데도 불구하고 AI가 이러한 결과를 출력한다는 것은 문제 원인이 기술 악용에만 있는 것이 아님을 의미한다.

이미지 생성 AI는 단순히 온라인상의 방대한 데이터를 학습한 것이 아니다. 인터넷을 매개로 우리 사회에 뿌리 깊게 자리 잡은 성착취 구조를 추출했다. 덕분에 AI는 언제든 간단한 입력만으로도 성착취물을 생산할 준비를 마쳤다. 다시 말해, 과거 성착취 문화를 바탕으로 축적된 여성 신체 이미지들을 학습한 이미지 생성 AI는 불특정 여성의 일상 사진을 어렵지 않게 성착취물로 변모시키는 역량을 얻었다. 이 기술은 다시 현재의 여성을 성적으로 착취하고 억압하는 데에 쓰이고 있다. 이렇게 AI를 중심으로 성착취 구조가 유지되고 강화되는 악순환의 고리가 만들어졌다.

AI 안전의 사각지대

기술은 종종 위험을 수반한다. 아직 공공의 안녕과 질서가 교란되지 않았으나, 방치한다면 언제든 교란될 수 있는 개연성을 우리는 '위험'이라 부른다. 사회는 기술 도입 과정에서 겪을 수 있는 위험을 충분히 밝히고 이를 합리적으로 관리하고자 한다. 이를 위해 과학적 지식을 기초로, 특정 목적을 위해 기술을 취사선택하고 이에 따른 잠재적 위험을 감수한다. 사회는 과학을 바탕으로 위험

관리를 제도화하려 한다. 딥페이크 기술도 위험을 초래했다. 특히 여성에게 위험했다. 딥페이크 기술의 위험은 처음 등장했을 때부터 명백히 불평등하게 분포했다. 딥페이크 성착취물로 인해 무수히 많은 여성들이 피해를 겪는 동안 우리 사회는 딥페이크가 야기한 위험의 불평등을 방치했을뿐더러 심화하였다.

딥페이크를 비롯한 생성형 AI가 사회에 끼칠 파장을 고려하는 연구 자체가 부재한 것은 아니다. AI 윤리·정책·거버넌스·안전성 등 다양한 분야의 전문가들이 각종 AI 기술을 사회적 맥락에서 바라보며 문제를 발견·예측·예방하기 위해 노력하고 있다. AI 연구의 대부분을 주도하는 산업계에서도 AI 제품의 시장 위험을 관리하는 것이 중요한 문제이므로, 기업들은 AI 안전성 연구에 적극적으로 나서고 있다. 그러나 딥페이크를 사용하여 발생하는 성착취의 문제는 대부분의 AI 안전 연구가 다루는 '안전'의 범주 안에서 찾아보기 어렵다. 즉, 딥페이크로 인한 젠더 폭력은 AI 안전의 주요한 문제로 인식되지 않는다는 것이다. 생성형 AI가 만들어내는 상당수의 이미지가 포르노그래피이며, 언어모델을 사용한 많은 챗봇이 성적 대화를 나누는 수단으로 사용되고 있다는 것이 반복해서 확인됨에도 불구하고 말이다.5)

딥페이크 기술의 위험에 대한 그간의 대처 방안들은 딥페이크 생성 여부를 판별하는 기술을 개발하는 데 무게를 실어 왔다. 생성형 AI로 인해 허위정보의 생산 비용이 내려가면서 민주적 숙의와 거래 안전성이 취약해졌다는 불안감이 팽배했기 때문이다. 하지만 딥페이크 성착취물의 맥락에서는 그것이 진실한지, 생성형 AI를 이용한 결과물인지 여부는 중요하지 않다. 오히려 진실-허위의 구도는 성착취물이 '가짜'에 불과하다며 피해를 축소하고 가리려는 시도에 도움을 준다. 딥페이크 성착취물은 피해자의 인격을 적극적이고 의도적으로 짓밟은 결과물이다. 이처럼 기술을 활용하여 합의되지 않은 성적 이미지를 제작, 유포하거나 배포를 위협하는 범죄는 피해자의 사회적 명성, 고용 가능성, 그리고 일상을 훼손한다. 피해자들은 심리적 트라우마와 정신 질환에 시달릴 뿐만 아니라, 오프라인에서의 폭력, 스토킹, 공격 등에도 노출된다.[6] 그럼에도 피해자의 존엄과 일상의 훼손은 딥페이크 성착취물을 만드는 데 사용되는 기술의 가치와 안전을 평가할 때 적극적으로 논의되지 않는다.

사진 내리기 말고 해야 하는 일

위험의 반대편에는 '안전'이 있다. 기술이 안전하다는 것은 어떤 의미인가? 누가 안전을 정의하며, 이때의 안전은 누구의, 누구로부터의 안전인가? 'AI'로 통칭하는 다양한 알고리즘이 사회에 끼치는 영향을 진단하려는 노력의 일환으로 AI의 안전성을 평가하는 각종 체계가 제시되고 있으나 이들이 정말 여성을 포함한 모두를 위험으로부터 안전할 수 있도록 담보하는지는 불분명하다. 예를 들어 인공지능정책전략연구소Institute for AI Policy and Strategy에서 분석한 바에 따르면, AI 개발 기업에서 진행하는 '안전' 연구의 60% 정도는 AI 학습 시에 사람들의 선호를 잘 반영하는 방법을 연구하는 것과 기계의 해석 가능성을 높이는 데에 집중되어 있다.7) 그러나 딥페이크 성착취물 제작에 사용한 모델이 사람들의 선호를 정확히 반영하는지, 혹은 그 알고리즘이 기술적으로 해석 가능한지가 여성의 '안전'을 보장하는가?

우리는 좀 더 근본적인 질문을 던져야 한다. 이 기술의 성능을 어떻게 평가할 것인가? 모델의 성능이 '좋음'을 입증하는 지표는 무엇이며 그것은 누가 어떻게 결정하는가? 이는 비단 딥페이크나 생성형 AI뿐만 아니라 모든 기술을 논의할 때 필요한 질문이다. 성능이 우수한 앱, 좋은 품질의 자동차란 무엇을 말하는가? 기술의 성능, 안전성, 그리고 가치는 기능적 정확성뿐만 아니라 그 기술이 이용자들과 사회에 끼치는 영향을 고려하여 판단해야 한다. 앱 자체의 기능은 훌륭하지만 개인 정보를 필요 이상으로 수집하는 앱, 혹은 속도는 빠르지만 운전자나 보행자의 안전을 위협하는 자동차를 절대적으로 좋은 기술이라고 평가하기 어려운 것과 마찬가지이다. 기술의 가치를 평가할 때는 기능적 성취뿐만 아니라 그 기술의 영향에 관한 사회적이고 윤리적인 판단이 포함되어야 하는 것이다.

그러므로 우리는 생성형 AI의 가치와 안전성을 이야기할 때, 딥페이크 성착취물로 인해 삶과 존엄이 훼손되는 피해자들도 함께 이야기해야 한다. 또한 딥페이크 성착취물을 만들고 공유하고, 심지어 그 과정에서 누군가의 경제적 부를 창출하는 일에 동원되는 각종 기술의 '안전성'에 의문을 표해야 한다. 이러한 기술의 가치나 존재 이유, 그리고 '목적'은 그것이 실제로 사용되는 맥락에서 정의되기 때문이다. 생성형 AI가 미래 사회와 산업 구조를 어떻게 바꾸어나갈지는 앞으로 지켜보아야 할 문제이지만, 생성형 AI로 인해 발생하는 범죄 피해는 지금 이 순간에도 일어나고 있다.

딥페이크 기술의 위험을 사회가 인지하고 대응하기까지 수많은 여성의 존엄이 훼손되어야 했으며, 이를 공론화하기 위한 오랜 싸움이 필요했던 배경에는 이러한 인식의 부재가 있었을 것이다. 우리 사회의 과학적 감각기관은 여성에게 가해지는 명백하고 현존하는 폭력이 적나라하게 드러나고 나서야 이 위험을 처음 발견한 것처럼 놀라 움츠리고 있다. 하지만 정녕 몰랐다고 할 수 있을까. 방치된 위험은 누군가의 삶을 파괴한다. 이러한 위험과 파괴는 특정 집단의 인식과 선택이 개입하는 정치적 과정이다. 기술의 위험에 관한 정치적 선택이 수많은 여성의 삶을 체계적으로 파괴하였다면, 우리 사회는 이에 대한 정치적 질문을 던져야 한다. 이 기술은 누구의 어떠한 목적을 위하여 누구의 삶을 파괴하는가?

딥페이크 성범죄에 대한 공론화와 입법적 대응이 이루어졌다고 사건이 일단락된 것은 아니다. 가해자 수사와 피해자의 회복을 위해 가야 할 길이 멀고, 성범죄로부터 안전한 디지털 공간을 만드는 커다란 과제가 남아 있다. 안전하고 윤리적인 기술을 만들기 위한 노력은 기술이 만들어지고 활용되는 사회적 맥락, 그리고 기술의 영향을 받는 사람들의 경험을 감안해야 한다. 사회적 문제는 기술적 조치만으로 해결되지 않는다. 성착취물은 예외적인 악용 사례가 아니라 다양한 사회-기술적 행위자가 공모하여 만들어낸 위험의 불평등 구조의 결과다. 이를 해소하기 위해서는 피해자의 경험을 적극적으로 고려하는 윤리적 설계를 고민해야 한다. 데이터셋, 모델과 그 변종, 생성된 콘텐츠, 서비스 플랫폼 등 기술 생애 주기 전반에 걸쳐 성착취를 배격하기 위한 개입이 요청된다. 각자의 사진을 SNS에서 내리는 것은 해결책이 되지 못한다.

이러한 실천은 딥페이크 성범죄를 가능케 하는 기술적 조건에 관한 성찰과 함께 이루어져야 한다. 기술은 불가피하지 않다. 혁신의 기치 아래 뭉뚱그려진 AI 기술의 구축 과정을 면밀히 들여다보고 이미지 합성 기술의 개발과 자동화된 성착취 구조가 어떻게 맞물리는지 인식할 때 우리는 성착취에 복무하는 기술이 아닌, 다른 기술을 상상하고 구현할 수 있다. EPI

1 원은지, "나 잡으려고 텔레그램 가입했어?" 얼룩소, 2024.

2 심윤지, ""예술작품이라 생각하고 만들 수 있지 않냐" 딥페이크 처벌법 만든 고위공직자들의 안이한 현실인식." 경향신문, 2020.03.18.

3 Thiel, D. "Identifying and Eliminating CSAM in Generative ML Training Data and Models." Stanford Digital Repository, 2023.

4 Birhane, A., Prabhu, V. U., & Kahembwe, E. "Multimodal datasets: misogyny, pornography, and malignant stereotypes." arXiv:2110.01963, 2021.

5 예컨대 2019년 온라인상의 딥페이크 영상 현황을 분석한 보고서는 전체의 약 96%를 포르노로 분류한 바 있다. Deeptrace, "The State of Deepfakes: Landscape, Threats, and Impact.", 2019.

6 Flynn, A., Powell, A., Scott, A.J. and Cama, E., "Deepfakes and digitally altered imagery abuse: A cross-country exploration of an emerging form of image-based sexual abuse." The British Journal of Criminology, 62(6), 2022, p.1341-1358.

7 Delaney, O., Guest, O., & Williams, Z., "Mapping Technical Safety Research at AI Companies: A literature review and incentives analysis." arXiv:2409.07878., 2024.

기후 위기 대응, 도시 열섬 완화 기술로 폭염 대책을 찾다

길
FARCAST

이슈
ISSUE

→탐구와 비평

김해동

계명대학교 환경공학과 교수. 기후 변화와 도시 열섬 그리고 대기 오염 수송에 관한 연구를 수행하고 있다.

기후 위기 시대의 폭염

기후 변화가 가져올 다양한 자연재해 중에서 인체 건강에 가장 큰 피해를 줄 수 있는 것은 폭염이라고 기후학자들은 경고한다. 폭염은 이미 지구촌에서 가장 혹독한 자연재해로 자리 잡고 있다. 그러한 사정은 우리나라도 예외가 아닌데, 행정안전부에서 발간하는 재해연보[1]를 보면 폭염이 가져오는 인명 피해가 다른 기후 재해에 비해 압도적으로 많다(그림 1).

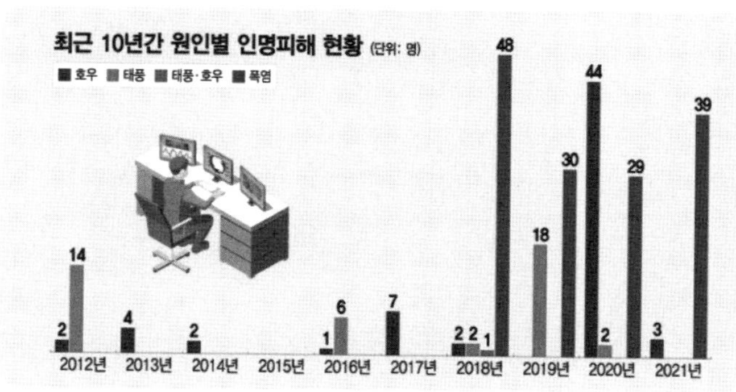

그림 1. 최근 10년 동안에 우리나라에서 발생한 기후 재해별 인명 피해(재해연보, 2021)

해외에서는 폭염으로 인한 인명 피해가 우리나라와 비교할 수 없을 정도로 많이 발생하고 있다. 주목할 만한 사건이 특히 2000년대 이래로 줄을 잇고 있다. 2003년 유럽에서 고온이 지속된 8월의 약 2주간에 35,000명 이상이 폭염으로 사망했는데, 그중 프랑스에서 가장 많은 약 15,000명의 사망자가 발생하였다. 이 폭염으로 인한 인명 피해 규모는 2007년 발표된 「2003년 유럽의 폭염으로 인한 인명 피해 재평가 연구」에 의하면, 2003년에 발표되었던 사망자 수보다 2배 정도 많은 약 70,000명의 추가 사망자가 발생했다고 재평가되었다. 그해 인도에서도 3,000명 이상의 폭염 사망자가 나왔다.[2] 2010년 여름에도 동유럽과 러시아에서 폭염이 발생하여 56,000명 이상이 사망하였다.

미국에서도 1988년 LA 폭염 사건 이래로 현재까지 대규모 인명 피해가 반복되고 있다. 이러한 인명 피해 규모는 태풍의 10배 이상인데, 폭염은 태풍이나 홍수와 달리 조용한 가운데 다수의 인명을 앗아가서 조용한 살인자라고도 불린다. 2021년 6월에 캐나다 브리티시 컬럼비아 주에서 1만 년 빈도로 평가받는 엄청난 폭염이 발생해 720여 명의 인명 피해를 냈고, 2022년엔 인도와 유럽에서 3천 년 빈도의 폭염이 3월부터 기승을 부려서 전 세계를 놀라게 했다. 2024년에도 멕시코, 인도, 미국 등 세계 각지에서 50도를 넘어서는 초고온이 장기간 이어져 대규모 인명 피해를 냈다. 우리나라에서도 1998년 서울에서만 고온으로 약 900명이 사망하였고, 2012년, 2013년, 2018년 그리고 2024년의 폭염으로도 다수의 인명 피해가 발생하였다.

이러한 배경에서 해가 갈수록 심각해지고 있는 폭염의 실제와 원인을 살펴보고, 특히 많은 사람이 모여 살고 있는 도시

지역의 고온화(열섬) 완화를 위해 적용되고 있는 주요 기술을 소개하고자 한다.

더욱 심각한 도시의 폭염

폭염은 인간 활동이 만들어 낸 지구 온난화와 도시 고온화(도시 열섬)에 그 원인이 있다. 이 두 가지에는 공통으로 연계된 점이 많다. 도시에서 연료를 많이 사용하면 그에 수반된 폐열은 도시의 온도를 높여 도시 열섬을 만든다. 또 연료 소비 과정에서 방출되는 이산화탄소는 지구온난화를 가져오는 원인 물질이 된다. 도시화로 인한 녹지 면적 감소는 도시 기온을 상승시키고 식물의 이산화탄소 흡수량도 감소한다.

그렇지만 지구 온난화는 지구 전체의 변화이고 도시 열섬은 도시 영역의 하층 대기에서 나타나는 현상으로 기온을 상승시키는 과정이 다르다. 두 현상 모두 연료 소비 등의 인간 활동이 유발하는 기후 변화라는 공통점이 있지만, 지구 온난화와 도시 열섬은 그것이 미치는 범위가 전혀 다른 현상이다. 그래서 이 두 현상의 해결 방법도 다르다. 지구 온난화는 전 세계가 합심하여 지구 전체의 온실가스 배출량을 줄여야 하므로 국제 협력이 필수적이지만, 도시 열섬 완화는 그 지역의 노력으로 가능하다.

〈그림 2〉는 지난 100년간 기록된 세계 주요 대도시의 기온 상승 경향을 지구 온난화 속도와 비교한 것이다. 평균 기온은 위도를 따르기에 높은 쪽부터 동경(a), 뉴욕(b), 파리(c)의 순서이다. (d)는 지구 온난화 속도이다. 이 그림에서 주목할 점은 지난 100년 동안 도시의 기온 상승이 지구 평균 기온 상승(지구 온난화)을 압도한다는 사실이다. 동경(약 3°C/100년)이 뉴욕(약 2°C/100년)과 파리(약 1.3°C/100년)보다 높으며, 파리도 지구 온난화 속도(약 0.83°C/100년)보다 더 빠르게 상승하였다. 우리나라의 서울(약 2.1°C/100년)과 대구(약 1.8°C/100년) 등 대도시도 기온 상승이 아주 크고, 우리나라에서 100년 이상 기온이 관측되고 있는 6대 도시(서울, 부산, 대구, 인천, 목포, 강릉)의 평균 기온 상승

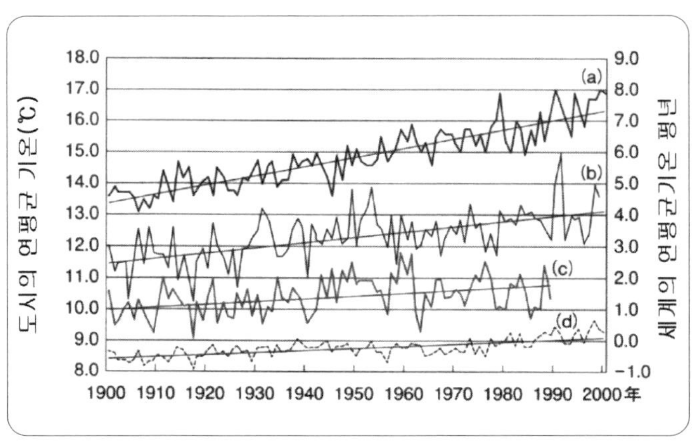

그림 2. 세계의 주요 대도시인 동경(a), 뉴욕(b), 파리(c)의 기온 상승 속도와 지구 온난화 속도(d)의 비교(Hujibe, 2012).

속도는 약 1.7°C/100년에 달하여 지구 온난화 속도보다 2배 이상 빨랐다.[3] 세계기상기구도 도시 열섬화로 인한 도심지의 심각한 폭염 증폭을 경고하고 있다(그림 3). 도시 인구 비율이 90%를 상회하는 우리나라는 도시 열섬을 억제하는 노력이 국민이 체감하는 기온 상승을 낮추는 데에 더욱 효과적일 것이다.

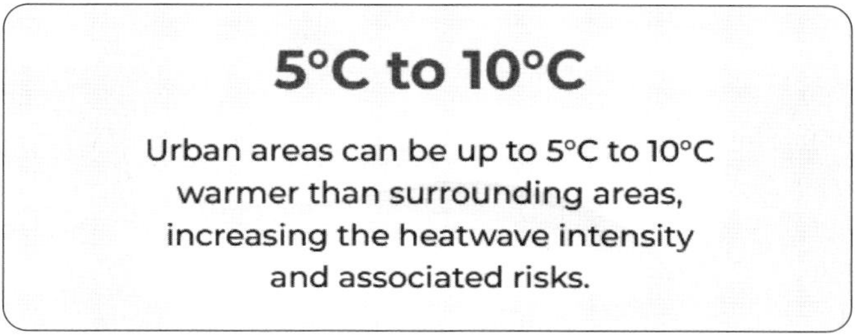

5°C to 10°C

Urban areas can be up to 5°C to 10°C warmer than surrounding areas, increasing the heatwave intensity and associated risks.

그림 3. 세계기상기구는 "도심지 온도는 도시 열섬 현상으로 인하여 교외 지역에 비해 5°C에서 10°C가 높아 폭염 강도와 위험도가 높아진다."고 경고하고 있다(세계기상기구, public.wmo.int/).

도시의 상세 고온 감시 시스템과 도시 열섬의 원인

도심지의 고온 현상을 높은 공간 해상도로 파악하기 위해서는 그에 걸맞은 관측 시스템을 설치하여 자료를 모을 수 있어야 한다. 국내외의 많은 도시에서 그러한 시스템을 갖춘 사례를 찾아볼 수 있다. 독일 베를린의 사례를 살펴보자. 독일 베를린시의 환경국과 베를린 공대가 협력한 결과로, 〈그림 4〉에 나타낸 것과 같이 기온과 습도만을 관측하는 아주 간단한 계측기를 배틀린 시내 건축물에 다수 설치하여, 도시 열 환경을 실시간으로 파악할 수 있는 시스템을 만들었다. 이러한 상세 도시 기상 관측 시스템의 자료를 이용하여 도시 내의 열 환경을 시민들에게 제공하고 있으며, 도시의 열 환경 개선을 위한 자료로 활용하고 있다.4)

그림 4. 독일 베를린 도심의 상세 온습도 환경 감시를 위해 건축물에 부착하여 운영하고 있는 관측시스템의 사례(Janike, 2016).

도시 폭염의 원인은 무엇일까? 〈그림 5〉는 일본 동경을 대상으로 도시화가 본격적으로 이루어지지 않은 1930년대와 오늘날의 지표-대기 열교환의 변화를 나타낸 것이다.5) 수목과 수변 지역이 인공 구조물로 변했기에, 지표의 물이 증발해

지표 온도 상승을 억제시키는 기능이 대폭 감소하여, 현재의 증발 잠열은 1930년대에 비하여 약 1/3로 감소하였다. 그로 인해 지표 온도가 대폭 상승하여 지표가 하층 공기를 직접 가열하는 대류 현열의 양이 약 50%나 증가하였다. 이것이 도시 열섬의 가장 중요한 요인이다. 또 인간 활동에 따른 연료 소비의 증가로 폐열(인공배열)도 대폭 증가했다.

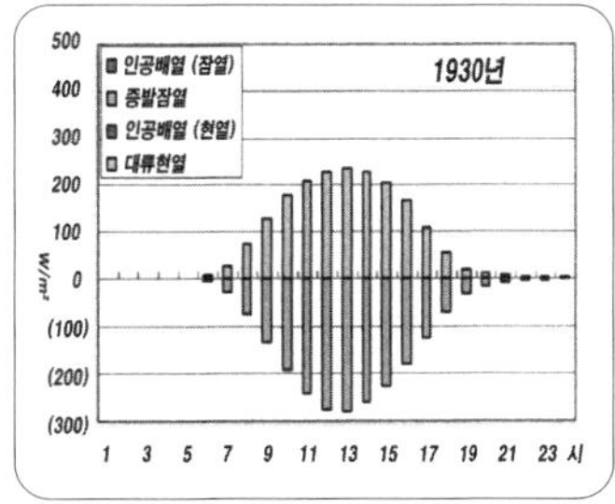

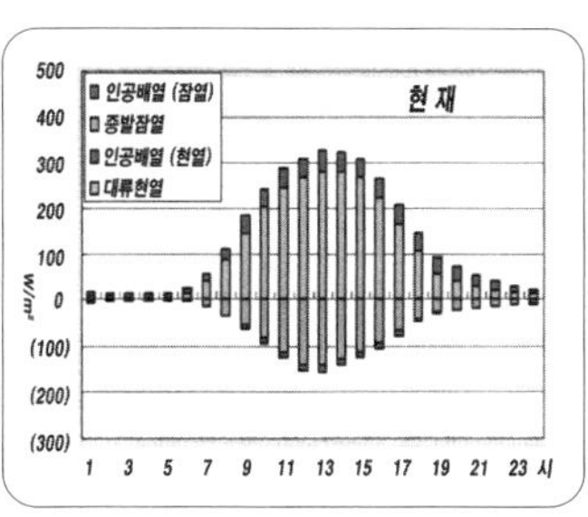

그림 5. 일본 동경을 대상으로 추정한 연중 지표면에서 대기로 전달되는 열의 변화

도시 열섬 해결에 기여하는 기술

기후 변화와 도시 열섬의 경감에 대처할 수 있는 공통의 방법 중의 하나는 나무를 많이 심고 자연을 보호하는 행동이다. 나무는 이산화탄소의 주요 흡수원이고, 지상에 그늘을 만들며 기공을 통한 증발산 활동으로 주변의 열을 흡수하여 기온 상승을 억제한다.

도시 녹화에 더하여 각종 첨단 기술을 적극 도입하는 노력도 필요하다. 이에 해당하는 대표적인 기술에는, 옥상에 흰색 방수 처리를 하여 옥상 표면 온도를 대폭 낮추는 기술cool roof, 태양 에너지의 가시광선은 흡수하고 근적외선은 반사해 검정색 아스팔트 도로의 표면온도를 천연의 토양 수준으로 낮출 수 있는 고반사성 도료cool pavement가 있다. 태양 에너지의 강도가 강해지면 저절로 불투명하게 변하여 햇빛이 실내로 들어오는 것을 차단하는 유리 기술magic glass, 건축물의 벽면 온도를 낮추는 단열 기술cool wall, 도시 공간에서 만들어지는 폐 에너지를 재수집하여 사용하는 폐 에너지 재활용 기술 등도 도시 열섬 억제에 도움이 되는 매력적인 기술이다.

Cool Roof

고반사성 도료를 도포한 지붕 및 옥상은 지붕roof의 표면 온도를 시원하게cool 유지한다는 의미에서 '쿨 루프'라고 한다. 옥상 녹화와 보수성 재료 등도 넓은 의미에서 쿨 루프 영역에 속한다. 쿨 루프 기술을 도시 열섬 완화에 가장 적극적으로 도입하고 있는 나라는 미국이다. 도시 열섬의 대책으로 건축물의 외벽과 도로 표면 온도를 낮추는 문제에 주목하고 있는데, 대표적인 사례로 로렌스 버클리 연구소의 열섬 대책 그룹이 옥상에 고반사성 도료를 사용해 표면 온도를 낮추는 기술에 집중하고 있다.

우리나라에서는 김해시청, 서울시 강남구 보건소 등에 쿨 루프가 도입되었으며, 이 지역들을 대상으로 쿨 루프의 온도 경감 효과가 조사되었다. 김해시청 옥상에 설치된 쿨 루프 옥상의 온도 하강 효과 검증 자료에 의하면, 쿨 루프 도입 전후에 여름철 한낮의 경우 20~25°C 정도 온도 하강 효과가 있었다. 쿨 루프 설치 전에는 여름철 낮에 60°C를 훌쩍 넘던 것이 설치 후에는 25°C 내외로 낮아졌다.5)

Cool Pavement

도시화가 진척될수록 도시 표면은 아스팔트나 콘크리트로 덮이고, 녹지나 습윤한 지표면은 사라진다. 인공 구조물 중에서도 포장도로pavement는 도시 전체 표면적의 약 20%를 차지한다. 포장도로는 녹지와 토양이 가지고 있던 증발산 기능을 없앤다. 수분 증발이 사라지면 증발에 따른 열 소비가 사라져서 도시 지표면의 고온화가 나타나게 된다. 이처럼 도로포장은 도시 열섬을 형성시키는 책임이 큰데, 이를 역으로 해석하면 도로포장의 개선은 도시 열 환경 개선을 가져올 가능성이 높다. 이에는 보수성 포장과 고반사성 포장 기술이 있다.

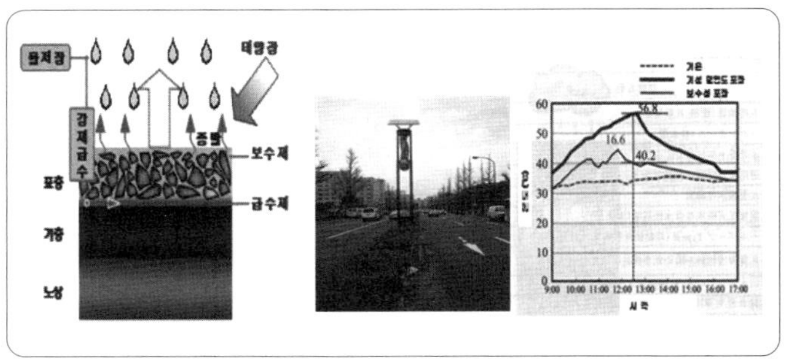

그림 6. 보수성 포장의 단면(좌), 일본 국회의사당 후면 도로에 설치되어 있는 보수성 포장도로(중), 보수성 포장의 표면 온도 하강 효과(우)

a. 보수성 포장

보수성 포장은 물을 투과시키지 않는 기존의 도로포장 구조를 개선하여 자연의 토양처럼 수분이 도로 내부로 침투하게 하고, 이 수분을 도로가 유지하고 증발시킬 수 있도록 하는 기술이다. 보수성 포장은 배수성 아스팔트의 틈 부분에 다량의 물을 머금을 수 있는 소재를 채워 넣은 구조이다(그림6, 우). 소재는 고로재나 제올라이트 같은 다공질의 재료나 이것에 식물 섬유 등 섬유성 재료를 혼합하여 사용한다. 〈그림6〉의 중앙은 일본 국회의사당 후면 도로에 설치된 보수성 포장도로인데, 강수 또는 살수를 통해 물을 충분히 뿌려 주면 1주일 정도 보수 기능이 유지되는 것으로 확인되었다(그림6, 좌). 이 기술로 도로 표면 온도를 15°C 이상 낮출 수 있었다.[6]

그림 7. 고반사성 도로의 실제 기술 도입과 그 효과에 관한 열 영상 자료

b. 고반사성 포장

고반사성 포장은 도로 표면에 태양광 반사율이 높은 도료를 입힌 것이다. 이것은 태양광선의 가시영역 파장대(0.38~0.78˚C)의 반사율과 근적외영역 파장대(0.78~3˚C)의 반사율을 차등적으로 조정할 수 있는 도료의 개발로 가능하게 되었다. 태양 복사 에너지에는 가시광선 영역보다 파장이 긴 근적외선 영역에 해당하는 에너지가 전체의 거의 절반을 차지한다. 그래서 고반사성 포장도로의 표면이 가시광선 영역의 에너지는 흡수해 검은 색을 띠지만, 근적외선 영역의 에너지를 전부 반사하여 지표 온도를 낮춘다.

〈그림 7〉은 서울 노원구 마들 마을 도로에 설치한 고반사성

포장재와 그것의 열 개선 효과를 나타낸 열 영상 자료이다. 이 열 영상은 2015년 여름에 촬영되었다. 우리나라에서는 2005~2010년에 걸쳐 건설기술연구원의 「장수명 친환경 신도로 포장재 개발사업」으로 6년간 기술 개발이 추진되었다. 이후 그 기술을 민간 페인트 회사에서 이어받아 개선해 오고 있다. 이 기술은 서울과 대구 등의 대도시에서 시범적으로 도입하고 있는 단계이다.

도시 열섬 문제는 환경오염 중에서 열오염으로 분류된다. 도시의 열오염을 해결하기 위해서는 도시계획 단계에서 교외와 도심지 간의 대기 환기를 최대한 확보할 수 있도록 도시계획학적 배려를 하는 것이 가장 중요하다(도시의 바람길 확보). 또 도시 공간에서 열을 흡수할 수 있는 물과 숲의 공간을 최대한 많이 확보할 수 있도록 하여야 한다. 이런 노력에 더하여 이 글에서 소개한 환경공학적 기술도 적극 반영한다면 도시 열섬을 완화하는 데에 매우 유용할 것으로 생각한다. 특히 핵심 도심지역의 열오염 완화에는 이런 공학적 기술을 반영할 필요성이 더욱 높다. 이들 기술들은 장래에 기술 본연의 성능과 사용 편의성을 높이고 나아가서 이 기술의 적용으로 도시의 미적 감각까지도 향상시키는 방향으로 발달해갈 것으로 예상한다. EPI

1 행정안전부, 2021, 「자연재해연보」.

2 Yoshino, M., 2010, Abnormal Weather Under Global Warming Era, Seizando Press.

3 국립기상과학원, 2011, 「기후변화 이해하기」.

4 대구 국제폭염포럼, 2016, 「시민과 함께하는 대구 국제폭염포럼 자료집」.

5 제임스 러브록 저, 이한음 번역, 2008, 『가이아의 복수』, 세종서적.

6 모리야마 마사카즈 저, 김해동·한상주 번역, 2011. 『도시열섬 - 대책과 기술』, 푸른길.

2024 노벨상 해설

길
FARCAST

이슈
ISSUE

편집자 주: 이 원고는 2024년 11월 2일, 고등과학원과 카오스재단이 공동으로 주관하여 개최한 〈2024 노벨상 해설 강연〉의 핵심적인 내용을 연사들이 직접 작성한 것이다. 원고 순서는 강연 순서에 따랐다. 강연 영상은 위 QR코드를 통해 확인할 수 있다.

{물리학상}

기계 학습과 물리학 : 생성형 인공지능의 원리

조정효

2007년 서울대학교에서 통계물리로 박사 학위를 받았고, 이후 미국 국립보건원, 아시아태평양 이론물리센터, 고등과학원, 계명대학교를 거쳐, 2019년부터 서울대학교 물리교육과의 교수로 재직하고 있다.

2024년 노벨 물리학상을 받은 존 홉필드와 제프리 힌튼, 두 사람의 공통점은 무엇일까? 홉필드는 빛과 물질의 상호 작용을 연구하던 물리학자고, 힌튼은 심리학을 전공한 컴퓨터 과학자다. 이들이 공유한 것은, 아마도 인간의 뇌가 어떻게 작동하는지에 대한 깊은 호기심이었을 것이다. 홉필드는 인생 후반기에 뇌의 기억 메커니즘에 관심을 두며, 이를 탐구하기 위해 '홉필드 신경망'을 제안했다. 힌튼은 뇌의 학습 원리를 연구하던 중 '볼츠만 머신'을 개발하게 되었다. 뇌를 이해하고 싶어서 시작한 이들의 연구는 오늘날 인공지능 혁명의 토대가 되었다. 이번 글에서는 이 두 과학자의 업적과 그 의미를 간략히 살펴보려 한다.

뇌와 전자 기기의 연결망은 얼핏 비슷하게 복잡해 보이지만,

본질적으로 다르다. 전자 기기는 특정 목적에 맞게 설계되었다. 반면, 뇌는 다양한 상황에 유연하게 적응하고 학습한다. 뇌의 신경망은 약 1,000억 개(지구 인구의 약 10배)의 신경 세포로 구성되어 있고, 각 세포는 평균적으로 다른 세포 1,000개와 연결되어 있다고 한다. 이러한 복잡한 연결망에서 특별한 설계자와 지휘자 없이, 여러 세포가 협동한 결과로 다양한 기능이 스스로 떠오른다는 사실은 놀랍다. 이러한 뇌 신경망의 또 다른 특징은 견고성이다. 전자 기기에서는 단 하나의 소자라도 망가지거나 연결이 끊어지면 전체 시스템이 작동하지 않는다. 하지만 뇌는 일부 세포나 연결이 사라져도 대개 큰 영향을 주지 않는다.

뇌의 신경망에서 영감을 받아 발전한 것이 바로 기계 학습이다. 1957년, 심리학자이자 공학자였던 프랭크 로젠블랫은 신경망의 핵심이 '연결'에 있음을 알아차리고, 이를 추상화해 '퍼셉트론'을 제안했다. 퍼셉트론은 상위 계층의 세포로부터 받은 신호를 가중치를 통해 계산하고 역치와 비교해, 신호를 하위 계층으로 전달할지 결정하는 기본 연산 단위이다. 여러 개의 퍼셉트론을 쌓아서 만든 인공 신경망은 논리합과 논리곱과 같은 논리 연산을 수행할 수 있다. 이는 퍼셉트론으로 컴퓨터를 만들 수 있다는 의미다. 뇌의 신경망에서 영감을 받아 만든 인공 신경망으로 컴퓨터를 만들 수 있다는 사실은 당시 많은 과학자들을 흥분시켰을 것이다.

하지만 인공지능artificial intelligence이라는 단어를 처음 썼고 당시 인공지능 분야에 큰 영향력을 가졌던 마빈 민스키는 뇌의 학습 원리로 제시된 연결주의적 생각에 회의적이었다. 그리고 실제로 한 층으로 구성된 퍼셉트론은 배타적 논리합 연산을 수행하지 못하는 한계를 가졌다. 이후 숨은 층을 더한 신경망은 어떠한 입력과 출력 사이의 함수 관계도 표현할 수 있음을 발견했고, 1989년 조지 사이벤코는 이를 수학적으로 증명했다. 하지만 주어진 문제를 풀 수 있는 신경망의 맺음변수인 수많은 연결 가중치와 역치 값은 어떻게 결정해야 하는지에 대한 현실적인 문제가 남아 있었다. 이 문제를 경사하강법으로 멋지게 해결한 것이 힌튼과 그의 동료들이 1986년에 발표한 오차 역전파 알고리즘이다. 이것은 입력 데이터에 따라 예측값이 정답에 가까워지도록 신경망의 맺음변수를 경신하는 알고리즘이다. 힌튼이 이 논문을 제출한 날이 그의 결혼식 날 아침이었다는 일화는 그가 연구에 얼마나 진심이었는지를 보여 준다.

기계 학습 모형은 크게 분류 모형과 생성 모형으로 나뉜다. 지금까지는 입력과 출력이 주어진 데이터를 학습하는 분류 모형에 대해 이야기했다. 이제 훨씬 재미난 일들을 할 수 있는 생성 모형으로 눈을 돌려 보자. 홉필드의 기억 모형에서 출발할 수 있겠다. 뇌의 기억 메커니즘을 설명하는 데 통계물리학의 스핀유리 모형을 사용한 홉필드의 상상력이 돋보인다. 이진수들로 구성된 패턴들을 기억할 때, 이진 데이터들을 통째로 외울 수도 있지만 각 패턴이 가지는 '에너지'를 모형화하는 방식으로 패턴들의 확률을 정의할 수 있다. 여기서 홉필드가 사용한 에너지 모형은 이진 패턴의 각 요소의 값이 얼마나 자주 등장하는지, 서로 다른 요소들 사이에 상관관계가 있는지를 중심으로 에너지 값을 결정한다. 이렇게 설계된 홉필드 모형은 데이터에서 자주 관찰되는 패턴일수록 낮은 에너지 값을 갖게 된다. 홉필드 모형에서 주어진 패턴의 각 요소를 신경 세포에 대응시켜 보면, 신경 세포들 사이의 발화에 상관관계가 있으면 두 세포들 사이의 연결을 강화시킨다는 뇌 과학의 헤비안 규칙과 닮아 있다. 이렇게 완성된 홉필드 신경망은 두 가지 작업을 할 수 있다. 첫째, 어떤 패턴의 일부만 보여 주었을 때, 남은 부분이 어떤 모습일 때 에너지를 낮출 수 있는지 따져봄으로써 남은 부분을 복원해 낼 수 있다. 홉필드는 이것을 연상 기억이라고 생각했다. 둘째, 전체 가능한 패턴들 가운데 에너지가 낮은 패턴들을 확률적으로 선택하는 행위가 바로 데이터의 생성에 해당한다. 이것이 현대 생성형 인공지능의 핵심 아이디어다.

뇌의 학습에 많은 관심을 가졌던 힌튼은 아마도 헤비안 규칙과 닮은 홉필드 모형에 큰 흥미를 가졌을 듯하다. 힌튼과 동료들은 홉필드 모형의 맺음변수를 최적화하는 알고리즘인 볼츠만 머신을 개발했다. 하지만 볼츠만 머신은 데이터의 차원이 커지면 계산량이 기하급수적으로 커져서 실용적인 문제에는 적용할 수 없었다. 이후 힌튼의 연구팀이 이 문제를 해결하는 데 약 15년이 걸린다. 결국 문제를 해결한 '제한된 볼츠만 머신'은 특별한 신경망 구조를 가진다. 잠재 변수의 역할을 하는 숨은 세포들이 있고, 신경망에서 모든 세포들이 연결된 것이 아니며 원래 세포들과 숨은 세포들 사이의 연결만 허락한다. 이 특별한 연결 구조를 가진 생성형 신경망에서는 표본 추출을 효과적으로 할 수 있게 된다. 그리고 추출된 표본 데이터를 이용해 계산량을 크게 줄여 현실적인 기계 학습에 한 발짝 더 다가가게 했다. 기계 학습이 주목받지 못하던 시절에 15년 동안 이 문제에 집중한 힌튼의 끈기가 놀랍다.

하지만 그 노력의 열매는 상상 이상이었다. 제한된 볼츠만 머신을 계층적으로 쌓아서 만든 모형이 심층 믿음망Deep Belief Network이다. 이는 데이터에 해당하는 차원이 축소된 숨은 표현을 계층적으로 만들어 가는 방식이다. 이는 현재의 심층 학습의 발전을 이끄는 핵심 아이디어가 되었다. 심층 신경망은 입력 데이터를 다른 표현의 변수로 변환하는 과정으로 이해할 수 있다. 최근 유행하는 생성형 확산 모형도 같은 방식으로 이해할 수 있다. 여기서 관심을 개별 데이터에 두지 않고, 그들 집단의 분포에 두면, 이 변환 과정은 사실 확률분포의 변환으로 생각할 수 있다. 이런 관점은 수학 분야에서 연구된 최적 수송, 정규화 흐름 등의 주제와도 접점을 가지고 있다.

신경망을 통해서 데이터에서 의미 있는 정보를 추출하는 과정은 정보 이론으로 해석 가능하다. 클로드 섀넌이 만든 정보 이론은 엔트로피와 상호정보량이라는 물리량을 통해서 통신하는 메시지의 압축과 전송을 정량화한 통신 이론이다. 나프탈리 티쉬비의 '정보 병목 이론'에 따르면 인공 신경망에서 일어나는 정보 처리 과정 역시 입력 데이터에서 불필요한 정보는 압축해서 없애고, 출력을 추론하는 데 필요한 정보만 전달하는 과정으로 해석할 수 있다.

이번 노벨 물리학상은 이처럼 뇌에서 영감을 받아 탄생한 기계 학습과 인공지능의 성과를 기리는 동시에 정보의 과학적, 철학적 의미를 다시 생각해 보게 만든다. 먼저, '정보'라는 개념이 과학에서 좀 더 활발하게 논의되어야 할 것 같다. 물리학에서는 '맥스웰의 도깨비'라는 흥미로운 사고 실험에서 물질과 더불어 정보도 실체가 될 수 있음을 이미 논의한 바가 있다. 그리고 생물학에서도 유전 정보와 물질로 이루어진 '나' 가운데 무엇이 주인공인지에 대한 과학철학적 논의도 있었다. 리처드 파인만의 스승인 존 휠러는 물리학은 물질, 에너지의 관점에서 정보의 관점으로 발전하고 있음을 이야기한 바 있다. 그가 남긴 "it from bit(비트에서 존재로)"라는 유명한 말이 그 이야기를 함축하고 있다. 우리는 현재 생명체와 지구 환경을 아우르는 바이오스피어BioSphere를 넘어, 컴퓨터와 사물인터넷 등과도 초연결된 '인포스피어InfoSphere'의 시대에 살고 있다. 인포스피어의 거주자 '인포그Inforg'인 우리가 이 시대를 살아 내기 위해서는 정보 철학이 필요하다. 이번 노벨 물리학상은 공학적인 성과를 넘어서 정보 시대로의 본격적인 시작을 알리는 이정표가 될 것 같다.

{화학상}
인공지능과 단백질 : 구조 예측에서 맞춤형 설계까지

백민경

서울대학교 화학부에서 학사, 박사 학위를 받았다. 실험 없이 연구할 방법을 찾다가 계산화학과 계산생물학에 관심을 두게 되었다. 박사 학위를 받은 2018년에 딥마인드의 알파폴드를 접하며 인공지능의 중요성을 깨닫고 이를 배우기 시작했다. 이후 워싱턴 대학교에서 박사후 연구원으로 로제타폴드 개발을 주도했으며, 현재 서울대학교 생명과학부 조교수로서 생체분자의 구조 및 상호작용 예측을 위한 인공지능 연구를 진행 중이다.

2024년 노벨 화학상은 컴퓨터를 이용한 단백질 구조 예측과 설계에 기여한 세 명의 과학자에게 수여되었다. 노벨 화학상의 절반은 컴퓨터를 활용한 단백질 설계의 개척자인 워싱턴 대학교의 데이비드 베이커 교수에게, 나머지 절반은 인공지능 기반 단백질 구조 예측 프로그램인 알파폴드AlphaFold의 개발자로 알려진 구글 딥마인드의 CEO 데미스 허사비스와 연구원 존 점퍼에게 돌아갔다.

단백질이라는 단어를 들으면 무엇이 떠오르는가? 많은 사람들은 고기, 생선, 콩 등 단백질이 풍부한 식품을 떠올릴 것이다. 그러나 단백질은 우리 몸에서 영양소 이상의 역할을 한다. 단백질은 인체의 주요 구성 성분이자, 모든 생명 현상에 관여하는 핵심 분자로, 시각, 미각, 후각 등 감각부터 에너지를 얻는 대사 과정, 외부 병원체에 맞서 싸우는 면역 반응에 이르기까지 다양한 기능을 수행한다. 즉, 단백질은 우리가 보고, 먹고, 느끼고, 살아가는 데 가장 핵심이 되는 분자라 해도 과언이 아니다. 이러한 단백질에 대해 더 깊이 이해하면 생명 현상이 발생하고 조절되는 과정을 분자 수준에서 파악할 수 있고, 이를 통해 질병 치료제 개발이나 플라스틱 분해 효소, 생분해성 소재 개발과 같은 환경 문제 해결에도 기여할 수 있다.

단백질은 20가지 아미노산이 수십에서 수천 개 연결되어 형성된다. 단백질은 그 서열(아미노산의 조합)에 따라서 서로 다른 3차원 구조를 가지며, 이에 따른 기능을 수행한다. 따라서 단백질 서열로부터 3차원 구조를 예측할 수 있다면, 단백질 기능 이해에 크게 도움이 될 것이다. 예를 들어, 코로나 바이러스의 스파이크 단백질과 인간 세포의 수용체 간 결합 구조를 알면, 바이러스 감염 과정을 분자 수준에서 파악할 수 있으며, 이를 통해 바이러스 감염 억제 물질, 진단용 바이오센서, 백신 등을 개발할 수 있다. 이처럼 단백질 구조 정보는 생명 현상 이해뿐 아니라 다양한 응용에도 중요한 역할을 한다.

이러한 중요성 덕분에 단백질 구조를 파악하는 실험적 방법을 개발한 과학자들은 모두 노벨 화학상을 받았다. X선 결정법으로 최초로 단백질의 3차원 구조를 규명한 존 켄드루와 막스 페루츠가 1962년에 노벨상을 수상했고, NMR을 활용해 단백질 구조 결정에 기여한 쿠르트 뷔트리히는 2002년에, 극저온 전자현미경 개발에 공헌한 자크 뒤보쉐, 요아힘 프랑크, 리처드 헨더슨은 2017년에 각각 수상의 영예를 안았다. 그러나 이러한 실험적 방법들은 비용이 많이 들고 시간이 오래 걸리며, 단백질 구조를 규명하는 데 몇 달에서 몇 년이 소요되기도 한다. 반면, 단백질의 아미노산 서열을 알아내는 일은 상대적으로 쉽다. 2024년 현재 우리가 알고 있는 단백질 서열은 2~3억 개에 달하는 반면, 실험을 통해 밝혀진 단백질 구조는 약 20만 개에 불과하다. 만약 단백질 서열로부터 3차원 구조를 컴퓨터로 계산할 수 있다면, 단백질 연구에 소요되는 시간을 대폭 단축하여 서열과 구조 간의 간극을 메울 수 있을 것이다.

단백질을 구성하는 아미노산 20가지는 그 성질이 조금씩 달라 서로 가까이 있는 것을 좋아하기도, 혹은 멀리 떨어져 있는 것을 좋아하기도 한다. 아미노산 사이의 상호 작용 에너지를 계산하여 가장 안정한 구조를 찾는다면, 주어진 서열로부터 단백질의 구조를 예측해 볼 수 있다. 말로는 간단해 보이지만, 실제로 물리화학 원리만을 이용해서 단백질의 구조를 예측하는 것은 거의 불가능에 가깝다. 주어진 단백질의 가장 안정한 구조, 즉 에너지가 가장 낮은 구조를 찾기 위해서는 해당 단백질이 가질 수 있는 모든 가능한 구조를 탐색해 보고 어떤 구조가 가장 안정한지 그 에너지를 계산해 보아야 한다. 아미노산 300개로 이루어진 평균 길이의 단백질을 생각해 보자. 아미노산 한 개가 대략 10개의 구조를 가질 수 있다고 하면, 이 단백질이 가질 수 있는 구조는 단순히 계산해도 10^{300}개가 된다. 아무리 빠른 컴퓨터를 사용한다고 하더라도 모든 경우의 수를 탐색해 보려면 우주의 나이(약 137억년, $4.3*10^{19}$초)보다도 더 긴 시간이 필요하다. 그렇다면 이러한 한계를 극복할 방법은 없을까?

50년이 넘는 시간 동안 수많은 연구자들이 단백질 구조 예측 난제를 해결하기 위해 노력했다. 그 과정에서 과학자들은 진화적으로 공통의 조상을 가진 단백질들이 유사한 구조를 갖는다는 사실을 발견했다. 즉, 단백질의 진화 정보 안에 단백질의 구조와 관련된 패턴이 숨어 있다는 것을 확인한 것이다. 인공지능이 가장 잘한다고 알려진 일 중의 하나가 바로 "데이터에 숨어 있는 패턴 찾기"이다. 어떤가? 인공지능을 단백질 구조 예측에 적용해 보고 싶지 않은가? 데미스 허사비스와 존 점퍼를 비롯한 구글 딥마인드의 알파폴드 팀은 바로 이 점에 착안해, 단백질의 진화 정보를 활용해 단백질의 3차원 구조를 예측하는 알파폴드를 개발했다. 2018년에 첫 버전을 공개한 이후 추가적인 연구를 거쳐 2021년에 발표된 알파폴드2는 단백질 구조 예측의 정확도를 기존의 60%에서 90%로 획기적으로 끌어올리며, 계산생물학 분야에서 오랫동안 난제로 여겨졌던 단백질 구조 예측 문제를 해결했다. 현재 알파폴드로 예측된 단백질 구조는 2억 개를 넘어섰으며, 이는 실험을 통해 축적된 약 20만 개의 구조를 크게 뛰어넘는 수치다. 또한, 전 세계적으로 200만 명 이상의 연구자들이 알파폴드를 활용해 단백질 연구를 수행하고 있다.

구글 딥마인드의 CEO 데미스 허사비스와 연구원 존 점퍼가 단백질 구조 예측으로 노벨 화학상을 받았다면, 데이비드 베이커 교수는 기능성 단백질 설계 연구로 노벨 화학상을 받았다. 베이커 교수는 1990년대에 아미노산 서열로부터 3차원 구조를 예측하는 프로그램 로제타Rosetta를 개발하던 중, 특정 기능을 수행할 구조를 설정하고 이에 맞는 아미노산 서열을 설계하는 새로운 접근을 고안해 냈다. 2003년 그의 연구팀은 원하는 구조에 맞는 아미노산 서열을 설계해 'Top7'이라는 새로운 단백질을 제작했고, X선 결정법으로 검증한 결과, 컴퓨터가 설계한 구조와 일치했다. 이는 인류가 컴퓨터를 이용해 설계한 최초의 인공 단백질이었다.
'Top7'의 성공 이후, 베이커 교수의 연구팀은 단백질 기반

나노 입자, 항암 단백질 치료제, 마약 검출용 단백질 바이오 센서 등 다양한 기능성 단백질을 설계했다. 이러한 기능성 단백질 설계 연구에 항상 걸림돌이 되는 부분이 바로 고정확도 단백질 구조 예측 기술의 부재였다. 단백질 설계 과정에서 설계된 아미노산 서열이 의도한 3차원 구조를 형성해 기능을 발휘하는지 확인하는 것이 중요했지만, 기존 예측 방법으로는 확인이 어려웠다. 딥마인드의 알파폴드가 베이커 교수의 이러한 고민을 해결해 주었다.

구글 딥마인드가 개발한 알파폴드의 성공은 데이비드 베이커 교수의 단백질 설계 연구를 가속화하는 촉진제가 되었다. 2018년 알파폴드 초기 버전을 접한 베이커 교수는 인공지능의 잠재력에 주목하며 독자적인 단백질 구조 예측 인공지능 개발에 착수하였고, 로제타폴드RoseTTAFold라는 단백질 구조 예측 인공지능을 개발해 발표하였다. 해당 논문은 구글 딥마인드의 알파폴드2와 같은 날 각각 세계적인 학술지인 《사이언스》와 《네이처》에 발표되어 화제가 되기도 했다. 로제타폴드 개발에 성공한 베이커 교수 연구팀은 한 걸음 더 나아가, 로제타폴드 디퓨전RFdiffusion과 같은 단백질 설계 인공지능을 선보이며 기존 단백질 설계의 성공률을 10배 이상 끌어올렸다. 이러한 인공지능 기술의 발전은 단백질 설계 연구의 중요한 전환점이 되었다.

인공지능 덕분에 대부분의 단백질 구조를 높은 정확도로 예측하고, 원하는 기능을 수행하는 새로운 단백질을 자유롭게 설계할 수 있는 시대가 열렸다. 노벨 위원회는 이러한 연구 성과를 인류에 기여하는 혁신적 발전으로 평가했다. 앞으로 이 기술이 질병 치료, 환경 보호 등 다양한 분야에 가져올 변화에 대한 기대가 크다. 단백질 구조 예측 및 설계 연구에서 보여 준 인공지능의 가능성이 다른 과학 분야에 접목되었을 때 또 어떠한 혁신을 불러올지 기대하게 된다.

{생리의학상}
사람이 벌레라니 : 마이크로RNA의 발견과 의미

이준호

서울대학교 생명과학부 교수. 유전자가 인간과 절반 이상 비슷한 예쁜꼬마선충 연구를 통해 탄생과 죽음의 신비를 해부하는 생명과학자다. 서울대학교 유전공학연구소에서 연구팀을 이끌며 세계 최초로 세포노화시계를 되돌리는 특정 DNA 부위를 발견하기도 했다. 생명에 대한 경외감이 생명과학이라는 미지의 영역으로 떠나는 출발선이라고 믿는다.

매년 10월이면 노벨 생리의학상을 시작으로 노벨상 수상자 발표가 진행된다. 올해 생리의학상은 예쁜꼬마선충에서 마이크로RNA를 발견한 두 과학자에게 주어졌으니, 예쁜꼬마선충을 연구해 온 연구자로서 기쁜 마음으로 그 내용과 의미를 살펴보고자 한다.

우선 노벨상을 받을 수 있는 업적은 어떤 자격을 갖추어야 할까? 노벨은 그의 유언장에서 정확히 수상 업적의 조건을 명시하고 있는데, 각 분야마다 약간 다르게 정의하고 있는 점이 흥미롭다. 물리학상은 그해의 가장 중요한 '발견 또는 발명', 화학상은 가장 중요한 '발견 또는 개선', 그리고 생리의학상은 가장 중요한 '발견'을 이룬 과학자에게 수여하라고 명시했던 것이다. 물론 '인류에 기여해야 한다'는 공통된 조건을 만족해야 한다. 생리의학상을 받으려면 무조건 '발견'을 해야 한다. 인류에의 기여는 어떨까? 고인류에 대한 유전학적 분석으로 스반테 파보에게 2022년 노벨 생리의학상이 수여되었을 때, 일부 기자들은 의학적 기여가 어떤 점이 있냐고 따져 물었다. 이는 노벨의 유언을 너무 협소하게 이해한 소치였다. 노벨상 위원회의 답은 명확했다. 인류의 조상에 대해 정확히 유전자의 수준에서 밝혀냄으로써 우리 지식의 지평을 확장한 것이 가장 중요한 포인트라고. 긴 호흡으로 보아서 인류에 기여하는 일은 다양한 방법으로 가능함을 선언한 것이다. 실제로 네안데르탈인의 유전자가 코로나 바이러스에 대한 내성에서 차이를 보였다는 연구 결과도 있었으니, 지식의 확장뿐 아니라 의학적 의미도 생긴 것이라 할 수 있다. 이제 2024년 노벨 생리의학상을 수상한 빅터 앰브로스와 개리 러브컨의 업적인 마이크로RNA는 어느 정도로 중요한 발견이었고 어떻게 인류의 안녕에 기여했는지 확인해 보자.

화학상을 수상한 베이커 교수는 스웨덴에서 걸려 온 전화에 '거인의 어깨 위에 올라간' 느낌이라고 답했는데, 이는 잘 알려져 있듯이 혼자의 힘이 아닌 축적된 지식의 정점에서 새로운 지식이 탄생함을 의미한다. 이번 노벨 생리의학상도 예외가 아니다. 거슬러 올라가서 예쁜꼬마선충 연구의 역사를 살펴보면 알게 된다. 시드니 브레너가 예쁜꼬마선충*C. elegans*을 처음으로 연구하기 시작한 때가 1963년인데, 그는 발생과 신경계를 이해하기 위해 단순한 동물 모델이 필요했고, 그 목적에 맞는 것이 예쁜꼬마선충이라고 주장하며 연구를 시작했다. 2002년 브레너는 그의 두 제자와 함께 노벨 생리의학상을 받았는데, 그 업적 중 중요한 하나는 예쁜꼬마선충의 세포 계보를 완벽하게 작성했다는 점이었다. 그는 세포의 계보를 살피다가 항상 죽는, 즉 죽기 위해 태어나는 세포가 있음을 발견하였고, 그것은 '프로그램된 세포 사멸'이라는 새로운 생명 현상의 발견이었다. 세포의 계보를 완벽하게 알게 된 점은 세포 사멸 현상뿐 아니라 이후 수많은 연구의 시발점이 되었는데, 그중 하나가 세포의 계보가 잘못되는 돌연변이 연구를 통한 것이었다. 세포의 계보 즉 'lineage'가 잘못되었다는 의미로 'lin-'이라는 유전자 이름이 붙여졌다. 한 예로 노벨 화학상의 마틴 찰피와 노벨 생리의학상의 로버트 호르비츠, 그리고 존 설스턴이 공동으로 쓴 논문이 1981년에 발표되었는데 세포의 계보가 비정상적으로 반복되는 돌연변이에 대한 보고였다. 흥미로운 것은 그중 하나가 '*lin-4*'라는, 올해 노벨상의 뿌리가 된 돌연변이였다. 이들이 바로 빅터 앰브로스와 개리 러브컨이 올라탄 거인들이라 할 수 있다.

빅터 앰브로스와 개리 러브컨이 MIT의 호르비츠 연구실에 합류하면서, 특정 발생 단계가 반복되거나 생략되어서 발생 지연 또는 조숙이라는 표현 형질로 정의하는 '이종시성heterochronic' 돌연변이를 본격적으로 탐구하기 시작했다. '*lin-4*' 유전자의 기능이 상실된 변이는 계보의 지연 형질을 나타낸다. '*lin-14*'의 경우, 그 기능이 상실된 변이는 계보의 조숙 형질이, 기능이 비정상적으로 올라가는 변이는 계보의 지연 형질이 나타나는 흥미로운 상황이었다. 발생의 시간도 유전적 조절을 받는다는 통찰 자체가 흥미로웠고, 그 기전에 관심을 가지게 된 것이다. 이 두 과학자가 각각 자신의 연구실을 차려서 독립하게 되었을 때 빅터는 '*lin-4*'를, 개리는 '*lin-14*'를 연구하기로 했다. 그런데 연구 초기에는 아주 운이 나빴다. '*lin-14*'는 핵 속으로 들어가는 단백질이라는 정보 이외에는 비슷한 유전자가 다른 생물에서는 발견되지 않는 특이한 서열의 유전자였다. '*lin-4*' 유전자는 설상가상으로 단백질 정보도 없는 특이한 유전자였다. 빅터는 1993년 논문 초록에 '*lin-4*'는 단백질 정보를 가지지 않는다고 명시해야 해야 했다. '*lin-4*' 유전자는 아주 크기가 작은 RNA의 정보를 가지고 있었고 그 크기가 작아서, 사실 아주 작아서, 마이크로RNA라고 이름 붙이게 되는데, 그냥 단순히 작은 RNA라면 'small RNA'라고 할 수도 있었을 텐데, '아주 작다'는 것을 강조하고 싶었던 거 같다. 나는 당시 박사 과정 학생이었는데 이 연구 결과를 듣고 현상은 정말 흥미로운데

이들이 참 운이 나빴다고 생각했다. 사람에게 비슷한 유전자가 있다면 훨씬 주목을 많이 받고 영향력 있는 논문이 되었을 텐데, 이들은 너무나 특이한 유전자를 발견해 버린 것이다.

대반전은 포기하지 않는 연구의 끝에 일어났다. '*lin-14*'와 '*lin-4*'의 표현 형질이 반대인데, 이들 둘 다에 돌연변이가 있으면 어떻게 될까? 이때는 '*lin-14*' 단독 변이한 것과 같은 표현 형질을 나타냈다. 이는 이들 유전자가 '*lin-4*' - '*lin-14*'의 순서로 작용하고, '*lin-4*'가 '*lin-14*' 작용을 억제하는 기전으로 작동함을 의미한다. 이제 남은 질문은 어떻게 억제하는가였다. 이 두 연구실은 '*lin-4*'유전자에서 만들어지는 RNA가 '*lin-14*'의 mRNA 끝부분에 있는 상보적인 서열과 서로 수소결합을 통해 두 가닥 중합을 형성할 수 있다는 것을 발견하게 되었으니, 우연을 가장한 필연이 아닐까. 즉, '*lin-4*'는 RNA로 만들어져서 '*lin-14*'의 mRNA가 단백질로 번역되는 것을 막는 식으로 조절한다는 것을 발견한 것이다. 이들은 1993년 12월 《Cell》 학술지에 이 새로운 조절자에 대한 결과를 나란히 발표하였다. 개리 러브컨 연구실의 논문의 공동 1저자가 2명이 있었는데 그중 한 사람은 한국인 과학자였으니 노벨 과학상에 가장 가까이 가 본 한국인이 아닐까.

'*lin-4*' 유전자가 마이크로RNA로 만들어져서 완전히 새로운 기전의 유전자 발현 조절 기전이 된다는 것은 대단한 발견이다. 왜냐하면 그 이전에는 알지 못했던, 사실 짐작하기도 힘들었던, 새로운 현상이었기 때문이다. 그런데 여전히 한 가지 의문이 남았다. 이들 두 유전자 모두 꼬마선충 이외에서는 비슷한 서열이 발견되지 않아서 이들이 선충에만 있는 특이적인 현상이 아닐까 하는 의문이 들 수밖에 없었다. 그런데 스토리의 반전은 2000년에 개리 러브컨 연구실에서 '*let-7*'이라는 새로운 마이크로RNA 유전자를 발견하고 이 유전자는 진화적으로 잘 보존된 것임을 보임으로써 완성되었다. 이후 많은 마이크로RNA는 다양한 생물에서 찾을 수 있었고 사람의 질병 원인 유전자로도 발견되었다. 이제 완전히 새로운 유전자 조절자로서의 작은 RNA라는 '아주 중요한 발견'에다 '인류의 안녕에 기여'할 수 있다는 두 가지 조건이 모두 갖추어졌으니, 의심의 여지 없이 노벨 생리의학상 감이라 하겠다. 돌이켜 보면 노벨상에 빛나는 RNA 간섭 현상도 이중 가닥의 RNA가 유전자 발현 조절을 한다는 전혀 짐작도 할 수 없는 발견이었으니, 노벨상은 그 상을 목표로 하는 사람에게 가는 것이 아니라 호기심과 끈기로 포기하지 않고 자신의 길을 걸어가는 과학자에게 열린다는 교훈을 새길 수 있다. 필자의 연구실은 지난 20년 이상 선충의 술에 취하지 않는 돌연변이 '주당'을 연구하였고, 히치하이킹 행동과 텔로미어 유지 기전의 새로운 현상도 꾸준히 연구해 왔다. 이런 연구의 결과가 장차 노벨상으로 이어지지 말라는 법은 없을 것이다. 호기심으로 출발해서 끈기로 완성하는 것이 생명과학이다. EPI

알파고는
명국의 꿈을 꾸는가

길
FARCAST

이슈
ISSUE

편집자 주: 2024년 11월 1일, 서울대학교 AI연구원 인공지능 ELSI연구센터가 주최한 특별 강연 "인공지능과 창의성의 미래"에서 이세돌 사범과 전치형 에피 편집주간의 대담이 마련되었다. 이 지면은 이세돌 사범과 주최 측의 동의를 얻어 행사 기록을 정리하고 독자의 이해를 돕기 위해 구성과 표현을 편집한 것이다.

이세돌 사범 기조 발언

저는 바둑을 놓습니다. 다섯 살 때부터 바둑을 시작해서 열두 살에 프로에 입단했고, 한 25년 정도 프로 생활을 했습니다. 저는 바둑을 마인드 스포츠나 보드게임으로 배우지는 않았습니다. 만약 그랬다면 제 인생을 걸고 바둑을 하진 않았을 거예요. 저는 바둑을 예술로 배웠습니다. 둘이 만들어 가는 하나의 작품이다, 이렇게 생각을 하고 바둑을 배웠고 그렇게 프로 생활을 했습니다.

제가 프로 입문을 했을 때는 인터넷이 연결되기 전이었습니다. 프로가 되면 혼자가 됩니다. 노터치예요. 노터치 자체는 참 좋은데, 문제는 공부도 혼자서 합니다. 프로가 되기 전까지는 선생님들도 계시고 많은 사람들과 같이 연구하고 공부하다가 프로가 되면서 혼자 하는 거죠.

그런데 저는 그런 게 굉장히 좋았어요. 프로가 되면서부터 뭔가 저의 길을 만들어 가는. 그게 굉장히 자극이 되었습니다.

그러다 인터넷을 통해 실시간으로 바둑을 놓을 수 있게 되면서 중국에서 공동 연구를 하기 시작했고, 한국에서도 중국만큼 대규모는 아니지만 공동 연구를 시작했습니다. 저는 그게 바둑의 본질과 조금 거리가 있지 않나 해서 그리 바람직하게 보진 않았습니다. 지금 생각해 보면 그래도 그때는 인간들끼리 했으니까 바둑의 본질을 해쳤다고까지 보기는 어려울 것 같습니다.

알파고와의 대국은 2016년도 초에 제의를 받았습니다. 그땐 구글에서 무슨 이벤트를 하려나보다, 홍보할 게 있나 보다 정도로 너무 쉽게 받아들였어요. 진다는 생각은 전혀 하지 않았습니다. 그래서 특별히 준비를 하지 않았는데, 첫 대국 전날 전야제 이벤트에서 구글 CEO분이 하는 이야기가 조금 이상했어요. 이미 제가 진 기분. 그분의 말씀에 알파고가 승리할 거라는 확신이 없다면 나올 수 없는 분위기가 있었어요. 나중에 저보다 먼저 알파고와 바둑을 놓은 사람이 있다는 걸 알게 됐지만 당시 알파고는 완전하지 않았기 때문에 그정도로 확신하는 것이 잘 이해가 되지 않았습니다.

아무튼 알파고 이후에 바둑이 완전히 바뀌어 버렸어요. 2017년부터 인공지능 프로그램이 많이 보급되었어요. 누구나 받으실 수 있습니다. 그러면서 바둑을 연구할 때 혼자서 생각하거나 여럿이 모여서 연구하지 않게 되었습니다. 프로그램을 돌리면서 인공지능이 어떻게 두는지 보면서 암기합니다. 외우는 데 한계가 있기 때문에 한 50수까지 외우고 나머지는 인공지능의 '감각', 우리가 보기에 감각이겠죠. 아무튼 그런 걸 보면서 우리가 흉내를 내는 거죠. 저는 바둑을 예술로 배운 마지막 세대일 텐데요. 이렇게 바둑이 바뀔 줄 미리 알았다면 저는 바둑을 안 했을 겁니다.

제가 알파고한테 승리했던 4국은 완벽하게 작전을 짜고 들어갔는데요. 인간과 대결할 때는 상대방의 스타일 정도만 파악하는 정도로 준비하지 그렇게 완벽하게 작전을 짜는 경우는 거의 없습니다. 저도 (알파고와의 대국 전까지) 그런 식으로 바둑을 둬 본 적은 없습니다. 그런데 알파고와의 4국에서는 오직 알파고를 이기기 위해, 알파고의 실수, 버그를 유도하기 위한 작전을 짰습니다. 프로에게 승패는 굉장히 중요하죠. 그런데 저에게 바둑은 하나의 작품을 만드는 것이기 때문에 승패는 별로 중요치 않습니다. 그래서 대국을 마치고 시간이 지나면서 이게 맞나? 하는 생각이 들었습니다. 저는 2019년 말에 은퇴를 했는데, 굉장히 어린 나이였습니다. 큰 자부심을 갖고 프로 생활을 하고 있었고, 저만의 바둑을 만들면서 바둑을 하시고 좋아하는 분들에게 어느 정도의 영감을 줄 수 있다고 생각했습니다. 선수로서 한계를 느꼈다기 보다는 제가 놓아 온 바둑과 다른 바둑을 놓아야 한다는 것에 한계를 느꼈던 것 같습니다.

문제는 인공지능을 공부하지 않으면 성적을 낼 수가 없다는 것입니다. 그래서 컴퓨터 앞에 앉아서 인공지능이 어떻게 두나 보고 또 암기도 하는 거죠. 바둑은 사실 암기하는 게 전혀 없어요. 그래서 "보고 잊어버리라"고 합니다. 프로가 되어서 암기를 하면 틀에 갇힐 수 있으니 참고만 하는 거죠. 암기를 한다면 저의 특성, 스타일, 의도가 반영될 수 없죠. 그런데 지금은 초반 50수까지는 굉장히 빠르게 진행됩니다. 인공지능을 보면서 학습한 최선의 수가 이미 나와 있으니 생각할 필요가 없는 거죠.

이젠 예전의 기록들을 잘 공부하고 연구하지 않습니다. 역사적 가치는 있어도 내용적 가치는 없는 거죠. 그런데 바둑에서 놓인 모든 수에는 의도가 담겨 있잖아요. 지금은 내용은 좋아도 의도는 없지요. 최소한 주관이라도요. 그럼 이게 잘못된 걸까요? 역사적 가치는 없어도 내용적으로 이기긴 하잖아요. 최근에 어떤 프로 기사가 바둑을 배우면서 갇혔던 틀을 인공지능이 깨 줘서 처음엔 오히려 좋았는데, 시간이 지나니까 다시 인공지능이라는 틀에 또 갇힌 것 같다고 이야기를 했어요. 이런 흐름이 바둑은 물론 음악, 미술, 영상 등에 이미 침투했고 앞으로도 침투할 텐데, 바둑의 가치를 어떻게 평가하고 받아들일 것인지 고민하게 될 것 같아요. 오늘 이런 이야기들을 함께 나눠 보면 좋겠습니다.

대담

전치형(이하 '전') 바둑을 잘 모르는 사람이 보기에 이기는 바둑을 가장 좋고 창의적인 바둑이라고 생각할 수 있을 것 같은데요. 관련해서 바둑에서 창의성이라는 게 얼마나 중요한 건지, 이기지 못할 걸 알면서도 창의적으로 바둑을 두는 것이 필요할 때가 있는 건지 궁금합니다.

이세돌(이하 '이') 저는 바둑을 예술로 배웠기 때문에 창의성이 없는 바둑은 가치가 없다고 생각했어요. 프로가 되고 최소한 초반에는 어떻게든 제 의도를 담으려고 했습니다. 조금 더 새로운 것을 담고자 했고요. 창의성은 바둑에 있어 거의 전부인, 절대적인 것으로 생각했고요. 선배님들도 그런 바둑을 추구하셨기 때문에 창의성이 없는 바둑은 이기지 못했을 겁니다.

전 기사의 승률과 창의성의 정도가 서로 상관이 있다고 이해해도 될까요?

이 그냥 비례한다고 생각하시면 돼요. 이창호 사범님을 예로 들 수 있는데요. 바로 위 선배님들이 그분 바둑을 처음 봤을 땐 "뭐지?" 하셨어요. '창의적이라고 할 수 있나? 너무 계산적이지 않나?' 하는 반응, 한 번도 생각해 보지 못했던, 오히려 이상하게 봤던 바둑이 사실은 굉장히 창의적이었어요. 기사마다 각자의 스타일이 있어서 20, 30수 넘어가면 누가 두었는지 거의 식별할 수 있었어요. 그런데 이창호 사범님은 달라요. 조금 더 수를 봐야 알 수 있었죠. 아무튼 당시에도 창의성이나 스타일 이런 것들이 절대적이었어요. 그게 없다면 성적도 나지 않았어요.

전 이창호 사범의 바둑을 사람들이 처음 봤을 때 "너무 계산적인 거 아닌가?"라고 얘기했다는 것이 굉장히 흥미로운데요. 그러니까 이창호 사범의 바둑은 극도로 계산적인 것을 통해서 결국 한 차원 높은 창의성에 도달했다 이런 말씀인가요?

이 이창호 사범님은 형세 판단, 끝내기를 굉장히 중요시했는데 거기까지 만들어 가는 그림이 기존의 바둑과는 달라서 처음엔 이상해 보였어요. 기존에는 큰 그림을 중요시했지 세밀한 부분은 별로 중요하게 생각하지 않았는데, 거기서 새로운 뭔가를 만드신 거죠. 그 만들어 가는 과정이 굉장히 재미있습니다. 아마추어 분들은 이창호 사범님 바둑을 재미없어 하셨는데, 그중에서 기력이 올라가신 분들은 굉장히 좋아하시고 아닌 분들은 여전히 좋아하지 않으셨어요. (청중 웃음).

전 적어도 알파고 이전에는 프로 기사가 자기만의 바둑 스타일을 만들어 가는 것이 바둑의 핵심에 가까운 것이었다고 할 수 있을까요?

이 창의적인 것이 굉장히 중요하지만 자기만의 스타일을 의도적으로 만들 수 있는 것도 아니지요. 자연스럽게 만들어지는 거예요.

전 작가들이 어떤 문체를 자연스럽게 형성해서 드러낼 수밖에 없는 것처럼요.

이 그렇죠. 근데 저는 다른 분들이 제가 두는 걸 어떻게 아시는지 궁금하긴 해요. 제 바둑이 막 두드러지는 건 아니라고 생각하는데 아시더라고요. 그래서 나도 스타일이 있나 보구나 그렇게 생각을 했습니다. 한편으로는 스타일이 쉽게 드러나는 건 오히려 틀에 갇혀 있어서가 아닐까 하는 생각도 좀 했거든요. 그래서 창의적으로 두는 게 자기 스타일이 드러나지 않도록 자제하는 방법이 아닐까 생각도 했어요. 그래서 정말 다르게 두려고, 굉장히 창의적으로 두려고 노력을 했는데 (저인 줄) 아시더라고요. (청중 웃음).

전 말씀을 듣다 보니까 〈히든싱어〉라는 프로그램이 생각나는데 막으로 가려 놔도 그 가수인지 알아차릴 수밖에 없고, 모창을 굉장히 잘해도 절대 넘어설 수 없는 것들이 있잖아요. 일가를 이룬 기사라면 자연스레 뿜어낼 수밖에 없는 그런 것이 바둑의 창의성이고, 어떻게 보면 그게 승패보다 더 중요하다고 말씀을 하신 건데요.

이 네, 바둑이 가진 기본 가치가 그렇습니다. 두 사람이 만들어 가는 작품에서 승패가 가진 의미가… 글쎄요, 어느 정도 될까요. 프로 입장에서는 어찌 됐든 경제적인 게 좀 달라지는 것 아닌가…

전 많이 이기셨기 때문에 그렇게(승패는 크게 중요하지 않다고) 말씀하시는 거 아닌가요? (청중 큰 웃음).

이 그렇죠. 경제적인 것을 우리가 벗어날 수는 없지 않습니까? 보통 (대국을) 어느 정도 진행한 다음부터 승부에 집중해요. 수읽기에 들어가면서부터 창의적인 것보다는 집중력이 중요한 시기가 자연스럽게 오죠.

전 인공지능 이전에도 창의적인 바둑이 좋은 바둑이었다면, 어떻게 훈련을 하셨나요? 훈련을 더 많이 하면 창의적으로 되는 것이었는지요.

이 바둑은 정해진 훈련 방법이 없어요. 혼자서 대부분 해야 되고, 누구의 도움을 받을 수도 없고. 도대체 어떻게 공부를 해야 되는지도 모르겠고. 그러다 보니 같은 시간 동안 훈련해도 편차가 벌어지죠. 프로가 되고 나서 굉장히 답답해하는 기사들을 많이 봤어요. 도대체 어떻게 해야 되는 거냐. 아마추어까지는 선생님들한테 도움도 받고 대화도 했는데 프로가 되니까 "네가 만들어야지 누구한테 물어보냐?" 이런 식이 되니까 굉장히 답답해했어요. 저는 너무 좋았고 정해져 있는 방법이 없다는 걸 너무 즐겼죠.

전 그렇게 되면 '공부가 가장 쉬웠어요' (청중 웃음) 이런 것처럼 '그냥 바둑 좋아서 했는데 잘 되더라고요', 이렇게 되는데요. 후배 기사들한테 이렇게 훈련하고 공부하면 좋더라, 나는 이럴 때 어떤 좋은 수에 대한 영감이 떠오르더라, 이런 조언을 하신 적은 없으셨나요?

이 바둑의 기본 가치는 존중, 배려, 책임 세 가지예요. 상대방을 존중하고 배려하지 않으면 본인부터 좋은 수를 둘 수 없고요. 책임은 자기가 두는 모든 수, 한 수 한 수에 생각과 의도를 담는 거예요. 컨디션이 안 좋거나 잡생각이 많으면 무의미한 수를 두기도 해요. (그런 수들은) "무슨 생각으로 이렇게 뒀지?" 생각하게 돼요. 저도 모든 수에 완벽하게 의도를 담는다고 할 수는 없지만 프로의 바둑에서 (무의미한 수가) 너무 많이 보이면 무책임하다고 얘기하긴 해요.

전 제가 바둑에 문외한이라 그런지 '책임'이라는 단어가 굉장히 중요하게, 신선하게 들리는데요. 바둑 기사가 두는 수에 책임을 진다는 것은 의도를 담는다는 것과 연결되는 것 같아요. 두는 수마다 내가 이러한 의도를 담아서 두었다고 말할 수 있는.

이 제 목표가 명국을 한번 만들어 보는 거였어요.

전 못 만들었다는 말씀이세요?

이 네, 은퇴할 때까지 못 만들었는데요. (웃음). 대부분의 프로 기사들이 명국을 만드는 것이 목표라고 얘기하는데요.

명국이라는 게 저도 잘 둬야 하지만 상대방도 잘 둬야 나올 수 있어요. 그래서 제가 책임을 지지 않는, 의도를 담지 않는 수를 두면 명국이 나올 수 없어요. 무책임한 수를 두면 자기 자신은 물론 상대방한테도 안 좋거든요.

전 이제 알파고와의 대국 이후로 시점을 옮겨 볼까요. 알파고를 비롯해 그 이후의 프로그램들이 바둑을 엄청나게 잘 둔다는 것에는 이견이 없는 것 같은데요. 창의성의 관점에서 볼 때 알파고는 어떤지, 알파고 이후 요즘 프로그램들은 어떤지 궁금합니다.

이 알파고와의 첫 번째 대국에서 초반 한 30수 만에 사실상 거의 끝나 버렸어요. 당시 사진을 보면 제가 웃고 있는데요. 왜 웃고 있냐면 사태의 심각성을 몰라서요. (청중 웃음). 너무 당황했고, 실력을 (제대로) 발휘하지 못했어, 정말 바보였어, 이러면서 넘어가는 상황이었어요. 두 번째 대국부터는 굉장히 심각한 모습이 잡혔을 텐데요. 나름대로 정말 최선을 다해서 두었지만 힘도 한번 못 써 보고 졌어요. 그러니까 인간과 대국을 한다는 느낌으로 했는데 잘 안되더라고요. 거기서 오는 충격이 어마어마했습니다.

그래서 세 번째 대국부터는 작전을 짰어요. 인공지능은 수가 많아질수록 완벽하게 둘 것이기 때문에 극 초반에 승부를 보려다 제가 박살이 났죠. (청중 웃음). 오판이었어요. 인공지능과 인간의 차이가 가장 많이 벌어질 때가 수가 없을 때입니다. 그럴 수밖에 없는 게, 인공지능은 정말 어마어마한 데이터를 바탕으로 확률이 높은 자리에 첫수를 리드해서 둡니다. 우리는 경험을 통해 감각이 좋아지고, 어느 정도 돌이 놓여야 수읽기나 계산을 할 수 있는데 인공지능과 알파고는 그렇지 않죠. 여기서 차이가 극심하게 벌어져요. 그래서 지금은 우리가 (몇 수밖에 없어도 계산하고 수를 두는) 인공지능을 보고 공부를 하는 거죠.

또 돌 수가 너무 많아지면 완벽하게 둘 확률이 높잖아요. 그래서 초반 50수까지는 살짝 나쁘더라도 완전히 끝나지 않을 정도로 그냥 견뎠어요. 100수 전에 승부를 내려고 했습니다. 그때 70~80수 중에 버그가 일어났는데요. 작전은 맞았어요. 결과도 좋았지만, 제가 (바둑을) 이렇게 둬 본 적이 없어요. 알파고의 버그를 유도하기 위해 정수가 아니라는 생각이 들었는데 작전대로 가기로 했어요. 결과는 좋았고 많은 분들이 좋아하시면서 박수도 쳐 주셨는데 제 입장에서는 시간이 지나고 나서 이게 맞나? 싶었어요.

전 4국에서 결정적인 차이를 만들었던 수(78수)에 인간의 창의성을 보여 주었다는 식의 환호를 보냈잖아요. 그런데 지금 말씀해주신 건 (청중 웃음)

내가 이렇게까지 해야 돼? 하면서 두셨던 수로 들려서 전혀 다르게 느껴져요.

이 당시 알파고는 초기 버전이었는데도 인간이 이기기 힘들 정도의 실력이었어요. 제가 보기엔 버그를 일으키는 것이 유일하게 이길 방법이었어요. 그걸 대단하다고 생각하실 수 있죠. 그런데 저는 20년간 프로 생활을 했고, 준비를 더 철저하게 했더라면 완전 다른 결과가 나올 수 있었을 거예요. 인공지능의 성향을 미리 알았다면 두 번째 판부터 버그를 일으키려고 했을 겁니다.

알파고의 버그를 일으키는 건 어렵지 않았어요. 타이머가 핵심이었어요. 당시엔 거의 50초에 한 수씩 두는 흐름으로 진행이 됐는데 만약 타이머 시간을 더 길게 했다면 버그가 일어나지 않았을 확률도 굉장히 높습니다. 3국까지 진행하고 50초 정도에 한 수를 두는 걸 알았고, 대국 중간인 50수부터 100수 사이에 뭔가를 일으키기로 했어요. 이거는 완벽한 계산이지, 창의성에 의한 작전이라고 보긴 어렵거든요.

전 알파고를 이긴 결정적인 수에 대해 굉장히 겸손하게 말씀해 주신 것 같아요. 창의적이라기보다는 계산적이었고, 바둑을 예술로 추구하시는 방향과는 맞지 않는다고 들었습니다. 그렇다면 알파고의 바둑을 창의성과 연관 지어 보는 것에는 큰 관심이 없으신 건지요?

이 저도 (복기를 하면서) 그래 이렇게 될 수도 있었지, 왜 이런 생각을 못했지 했는데요. 오히려 창의성이라는 게 도대체 무엇인가에 대해 의문이 들었어요.

전 그럼 알파고 이후 요즘 바둑은 프로 기사 두 명이 대국을 한다고 해도 어떤 면에서는 인공지능처럼 따라 두고 싶어 하는 두 인간이 서로 경쟁하고 있는 거라고 볼 수 있나요?

이 요즘은 인공지능과의 일치율로 실력을 가늠합니다. 일치율이 높을수록 승률도 높아서 최고의 기사도 일치율을 보고 판단해요. 지금 최고의 기사는 신진서입니다. 한중일을 통틀어 최고의 기사예요. 언제나 톱 랭커는 한국에서 나옵니다. (청중 웃음). 신 기사의 별명이 '신공지능'이에요.

전 그럼 초점을 좀 옮겨서 바둑의 기본이라 말씀하셨던 존중, 배려, 책임을 이야기한다면, 알파고가 두는 수에는 책임이랄까 이런 것들을 느낄 수 없는 걸까요? 조금 가정해서 사실 알파고가 두는 수가 천막 뒤에서 인간이 둔 수라고 해도 그럴까요?

이 데미스 하사비스Demis Hassabis가 그런 이야길 했었어요. 자기는 최선의 수를 찾는 프로그램을 만들고 싶었는데 비용과 시간이 너무 많이 들어서 확률이 높은 수를 찾는 다고요. 그런데 우리는 바둑을 둘 때 최선의 수를 찾아요. 알파고는 승률이 높은 수를 찾습니다. 이젠 인공지능을 많이 활용하면서 사람들이 '승률이 높은 수네' 이렇게 표현을 하는데, (예전에는) 승률이 높은 수라는 걸 상상하지 못했죠.

전 그 개념 자체가 낯설었던 건가요?

이 기괴하달까요? (인공지능은) 어느 정도까지는 최선의 수를 찾는 것처럼 보여요. 그러다 '이게 뭐지?' 좀 이상한데?' 싶어지죠. 저는 사실 알파고 이후에 최선의 수를 찾는 프로그램이 나오지 않을까 생각했는데, 전부 알파고와 유사하더라고요. 그래서 지금은 모든 바둑 프로그램이 최선의 수를 찾는 것이 아니라 가장 승률이 높은 수를 보고 있는 형국이에요. 굉장히 기괴하죠.

전 알파고의 바둑에선 최선의 수, 좋은 작품을 만들겠다는 의도를 읽을 수 없었다는 말씀 같은데요. 아까 명국을 두고 싶다, 많은 기사들이 일생에 한번 명국을 만드는 것을 꿈꾼다고 하셨는데, 알파고를 비롯한 인공지능 프로그램과는 명국을 만드는 것이 불가능하다고 생각하시는 건가요?

이 사실상 불가능하죠. 최선의 수를 찾지 않기 때문에.

전 그렇지만 너무 잘 두는 상대인데요.

이 명국은 그렇게 만들어지는 것이 아닙니다. 바둑은 승패가 결정되어도 복기까지 해야 끝이 납니다. "너는 어떤 생각을 가지고 이렇게 두었냐? 너의 이 부분을 이렇게 받아들였는데 그게 맞아? 나는 그 생각을 바탕으로 이렇게 생각을 하고 이렇게 두었어." 이런 것들이 왔다 갔다 해야 바둑이 끝난다고 생각하거든요. 그런데 인공지능과 두면 물어볼 수가 없어요. 왜냐고 물어보면 아마 승률이 높아서라는 같은 답을 듣겠지만요. 그래서 좀 어려운 부분이에요.

전 텔레비전에서 복기하시는 모습을 보면 소리는 들리지 않지만 손도 왔다 갔다 하고 여러 말씀을 나누시는 걸 봤는데요. 보통 복기하실 때 어떤 이야기를 나누시는지, 그렇게 복기하실 때 새로운 생각이나 감각이 생겨나는지 궁금합니다.

이 복기할 때 가장 창의적인 수들이 많이 나와요. 승패를 완전히 떠났잖아요. 그리고 또 바둑알을 놓아 보면서도 할 수 있기 때문에 창의적인 수들이 굉장히 많이 나옵니다. 많은 영감을 받죠. 복기가 바둑의 핵심적인 부분이라고 저는 생각합니다. 그 순간이 굉장히 재밌어요. 저는 지든 이기든 복기를 굉장히 좋아하는데요. 이겼을 때 복기하려고 진 사람을 붙잡기는 좀 그렇지만 (청중 웃음) 졌을 때는 명분이 있잖아요.

전 그럼 좀 더 앉아 있어 보라고 하는 건가요?

이 시간 괜찮아? 하고 한두 시간 복기해요.

전 복기를 5분 10분 하는 게 아니에요?

이 더 길게는 한두 시간씩도 해요.

전 중계를 안 해 줄 뿐이군요.

이 (복기하는) 분위기가 안 좋다 싶으면 그걸 중계하기는 좀… (청중 큰 웃음).

전 2016년에는 알파고와 복기를 안 하신 건가요?

이 네. 그래서 제가 1, 2국 지고 프로 기사들 다 불렀어요. 야, 이거 어떻게 해야 되냐. (청중 웃음).

전 알파고와 복기를 한 것이 아니라 다른 프로 기사들과 모여서.

이 네. 그렇게 모여서 연구도 하고 얘기도 듣고 했는데 절망적이었어요. 이창호 사범님께서 이기기는 불가능하니까 나머지 다 편하게 둬라 이렇게 말씀하셨어요. 근데 정말 그렇게 생각하고 말씀하신 건지, 아니면 저를 편안하게 해 주시려고 말씀하신 건지 모르겠어요. 사범님은 제 스타일을 아시니까 알파고의 약점, 이런 것들을 파고 들어갈 거라고 생각하셨을 것 같아요. 사범님이라면 저처럼 버그를 일으키겠다고 하진 않으셨을 거예요. (청중 웃음).

전 복기를 할 수 없는 상대와 바둑을 둔다는 게 그리 좋게 느껴지지 않네요.

이 또 인간끼리 두면 호흡이 뭔가 느껴져요. 이분이 어떤 생각을 하고 있는 것 같다, 좀 여유롭게 생각하시나 보네. (청중 웃음). 이렇게 교감을 할 수가 있는데, 제가 1국 때 가장 힘들었던 게 그거예요. 너무 생소했어요. 앞에 누군가 앉아 있죠. 바둑알을 놓아 주시는 분이요. 어떤 생각도 없이 그냥. (청중 웃음).

전 거의 포커페이스로 하셨죠.

이 그분이 잘못 놓으면 안 되니까 정말 신중하게. (청중 웃음). 그런데 어떤 의도 같은 게 없어서 정말 복잡하더라고요. 그리고 그분이 진짜 포커페이스도 그런 포커페이스가 없어요. (청중 웃음). 화장실도 안 가세요. 그리고 심지어 물도 안 마셔요. 제가 물 드시는 거 딱 한 번 봤어요. 얼마나 목이 말랐을까, 제가 그런 생각도 했었는데 진짜 이만큼 마셨어요. 왜 그랬냐고 여쭤 봤더니, 화장실 갈까 봐. 고생이 많으셨어요. 근데 저는 정말 답답했어요. 약간 로봇? 이분이 알파고신가? (청중 큰 웃음).

전 수학자들이나 이론물리학자들을 보면 여러 사람들과 대화하고 아이디어를 주고 받으면서 자기 생각을 정리하고 새로운 이론을 떠올리기도 한다는데요. 바둑도 그렇게 볼 수 있나요?

이 바둑을 예술로 바라보는 관점에서는 다르다고 할 수 있습니다. 예술 작품 창작을 위해 여럿이 모여서 생각을 공유하면 오히려 정형화될 수도 있으니까요.

전 그럼 혼자서 기보를 보거나, 인공지능이나 인터넷 바둑으로 하는 수밖에 없다는 말씀인가요?

이 지금은 인공지능이라는 정답이 있는 상태예요. 인간이 인공지능의 수를 보면서 한 50수까지 따라서 둡니다. 이걸 예술이라고 보긴 힘들죠. 정답이 없어야 예술인데 정답이 있는 상태니 예술이라 볼 수 없는 거죠. 그냥 보드게임이라고 해도 되겠지만 그렇다고 가치가 아예 없다고 할 수 있을까요? 아니면 예전보다 가치가 떨어졌다 표현을 해야 할까요? 그렇게 얘기하기는 또 어렵잖아요. 이런 상황이 음악이나 미술 등에도 벌어져서 고민이 많으실 텐데 어떻게 보면 더 일찌감치 겪고 있는 바둑이 훌륭한 토론 소재가 될 수 있지 않을까요? 바둑에 관심이 별로 없으셨겠지만. (청중 웃음). 이 문제를 고민하고 있는 분들을 대상으로 (바둑의 사례를 중심으로) 얘기도 듣고 토론도 하는 자리가 더 만들어지면 재미있을 것 같습니다.

전 청중께서 사전에 주신 질문인데요. 앞으로의 사회에서 바둑이 갖는 의미와 역할이 무엇이라고 생각하시나요? 연관된 질문으로, 바둑 기사를 그만두시고 기사님께 바둑은 어떤 의미입니까?

이 저는 바둑의 교육적 가치를 말하고 싶어요. 게임으로 봤을 때 바둑은 저물 수밖에 없습니다. 너무 어려워요. 바둑은 인류가 만든 유일하고 완벽한 추상적 전략 게임입니다. 근데 유일하고 완벽하다는 걸 말하는 건 좋지만 (직접) 하기엔 무지 어렵습니다. 학부모님들이 저한테 바둑을 어느 정도 배워야 좀 할 수 있는지 물으시는데, 일주일에 한 2~3시간 정도 배우고 따로 공부도 더 하면서 한 2~3년 정도 배우면 바둑을 조금 알 수 있다고, 잘 두는 게 아니라 알 수 있다고 말씀드려요. (청중 얕은 탄식). 그럼 학부모님이 헉, 하시죠. 2~3년을 해도 아는 정도에 그치는 게임을 누가 선뜻 하겠어요?

바둑의 교육적 가치는 미술이나 음악처럼 추상적이면서 승패가 명확하게 갈리기 때문인데요. 은퇴한 뒤에 제가 바둑이 예술로서 한계에 다다랐다는 걸 인정하고, 시간이 너무 오래 걸리는 단점을 보완하면서 교육적 가치를 살리는 방향을 염두에 두고 바둑의 허들을 많이 낮춘 보드게임을 만들었어요. 그래도 바둑의 장점을 가지고 와야 하잖아요. 바둑의 완벽한 추상 수준이 10이라면 제가 만든 게임에는 2정도로 반영했어요. 추상이 어느 정도 들어간 수준이죠. 그런데 해 보신 분들이 이것도 너무 어렵다고. (청중 웃음). 바둑이 아니어도 좋고 꼭 제가 만든 게임이 아니어도 좋은데, 우리가 추상적인 요소를 사용할 필요는 있다고 생각해요. 요즘 바둑을 배우는 아이들을 보면 전체적인 역량은 저희 세대보다 훨씬 뛰어난데 추상적 사고는 수준이 굉장히 낮아요. (적어도) 바둑이 그런 부분에서 교육적 가치가 있을 것이라고 생각합니다. EPI

인류세

대중이 공공 권위로서 '과학'이라는 것을 접할 때, 실은 주로 이해관계, 가정, 편향을 체현하고 있는 '과학'의 제도적 형태를 접하고 있다면, 다양한 형태로 작용하고 있는 과학이 무엇인지 문제화할 필요가 있습니다.

『과학에 도전하는 과학』 브뤼노 라투르 외 지음, 홍성욱 외 옮김, p.212~213. 이음.

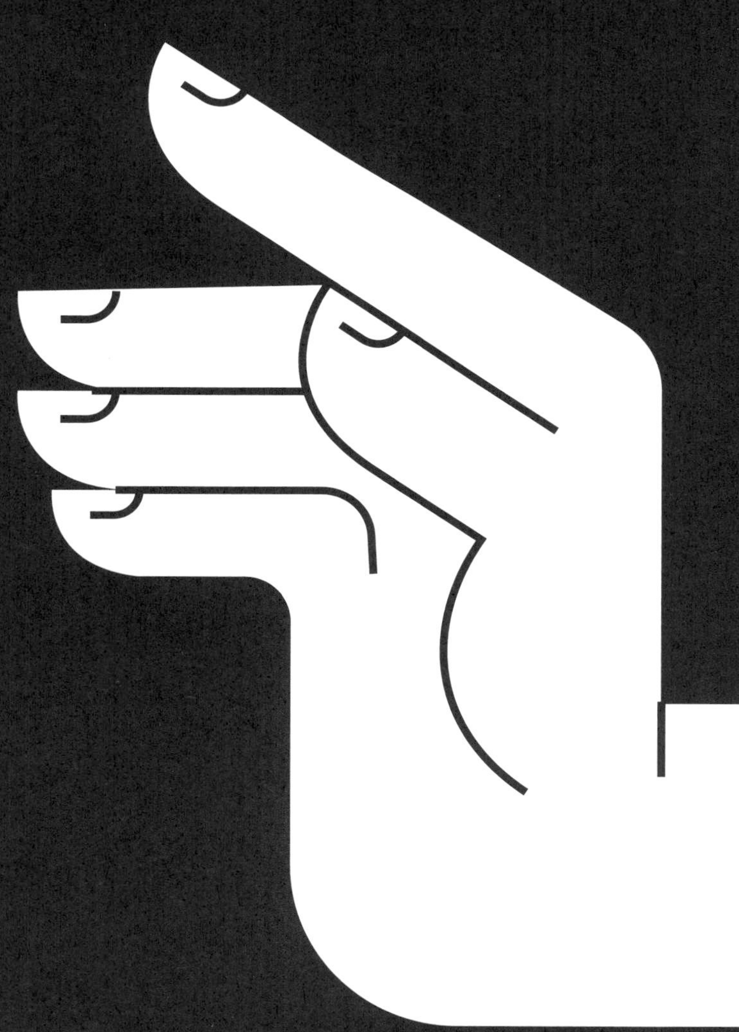

그렇지만 이러한 이유들 때문에 정치의 무덤 앞에서 춤을 출 필요는 없다. 오히려 우리는 집단적인 결정을 내리는 데 그래도 최악의 수단은 아닌 것으로서 정치를 부활시킬 방법에 대해서 진지하게 고민해 보아야 한다.

제프 멀건, 홍성욱 옮김. “서로 연결된 세상에서 어떻게 살 것인가?” 중에서. 『2001 싸이버스페이스 오디쎄이』 홍성욱·백욱인 엮음, p.230. 창작과비평사.

인천 송도갯벌의 패치 인류세: 도심의 인공섬에 찾아오는 저어새 이야기

인류세
ANTHROPOCENE

임채연

연세대학교 문화인류학과 석사과정.
인간과 비인간을 포괄하는 사회적 관계와 상호작용을 다종인류학과 정치생태학의 관점으로 살펴보는 것에 관심이 있다.

지난해 10월의 어느 흐린 주말, 나는 그간 무심코 지나치기만 했던 인천 송도갯벌에 들어갔다. 갯벌에 즐비하게 늘어선 칠게잡이 어구를 빼내는 '송도갯벌살림행동'[1]에 참가하기 위해서였다. 인천녹색연합이 주최한 이 행동은 송도갯벌의 칠게를 무허가로 싹쓸이하는 파이프 어구를 수거해 칠게를 먹이 삼는 철새와 갯벌 생태계를 보호하려는 활동이었다. 나는 발이 푹푹 빠지는 갯벌에서 사람들과 함께 어구를 해체하고, 파이프에 가득 찬 펄을 파내고, 갇혀 있던 작은 게와 갯지렁이를 풀어주고는 가벼워진 어구를 갯벌 밖으로 열심히 옮겼다.

이날 특히 마음에 남은 두 장면이 있다. 하나는 사람들이 모두 갯벌에서 빠져나오자 기다렸다는 듯 새들이 날아와 만찬을 즐기던 모습이고, 다른 하나는 드넓게 펼쳐진 낮은 갯벌과 송도신도시의 높이 솟은 마천루들이 대조를 이루던 풍경이다. 일을 마치고 함께 작업했던 사람들과 짧게 대화를 나누던 중, 누군가 내게 어디서 왔냐고 물었다. 그런데 그 쉬운 질문에 선뜻 답하지 못하고 어물쩍 말을 흐렸다. 내가 갯벌을 메워서 세운 송도신도시에 살기 때문이다. 칠게와 도요새를 포함해 갯벌의 수많은 생물들과 생태계를 살리기 위해 애써 일한 사람들에게 그걸 밝히는 게 어쩐지 부끄럽게 느껴졌다.

새삼스레 눈에 들어온 너른 갯벌과 고층 건물들의 경관과

느닷없이 찾아온 그 부끄러움은 지금껏 내가 발 딛고 살아온 송도갯벌과 송도신도시를 낯설게 보는 계기가 되었다. 송도갯벌과 송도신도시는 어떻게 해서 지금의 모습이 되었을까? 이곳에는 어떤 인간과 비인간의 다종다양한 역사가 깃들어 있을까?

'패치 인류세'의 경관으로서 인천 송도갯벌

인류학자 애나 칭과 동료들(Tsing et al., 2019)은 인류세가 전 지구적으로 균질하게 나타나는 것이 아니라 각 지역의 특수한 사회, 문화, 정치경제적 맥락에 따라 다르게 형성된다고 본다. 인류세가 지역적으로 고유한 패치들patches의 중첩과 상호작용으로 구성되기 때문에 고르지 않게 만들어진다는 것이다. 칭과 동료들은 이를 '패치 인류세patchy Anthropocene'라고 개념화하며 인류세는 시간적·공간적인 분석을 필요로 한다고 강조한다.[2)]

특정한 지역의 패치 인류세 분석은 경관landscape에서 출발한다. 이때 경관은 단순히 물리적인 공간이 아니다. 경관은 그곳의 인간과 비인간 존재들이 함께 만들어온 것으로, 역사적으로 창발하는 다종적 어셈블리지[3)]의 패턴을 보여준다. 다종적 존재들은 누가 살고 누가 죽을지, 누가 남고 누가 떠날지를 두고 수많은 조율과 마찰을 벌인다.[4)] 그 협상과 경합의 결과로 생겨나는 경관은 끊임없이 변화하고 재구성되며, 오랜 시간에 걸쳐 형성된다.

그렇다면 패치 인류세의 경관은 어떻게 읽어낼 수 있을까. 칭과 동료들은 인류세의 경관 구조가 두 가지 형태, '모듈식 단순화'와 '야생적 증식'으로 드러난다고 본다. '모듈식 단순화modular simplifications'는 경제적 생산물의 재생산에 필요한 것 외에는 모두 제거하는, 대규모의 생태학적 단순화를 말한다. 한편 '야생적 증식feral proliferations'은 특정 동식물 또는 유기체가 원래 서식지가 아니거나 인간 활동에 의해 크게 변화된 환경에서 예상치 못하게 광범위하게 성장하고 확산되는 것을 뜻한다. 그 둘은 경관 구조에서 서로 불가분하게 얽혀 있으며, 생태학적 단순화와 야생적 증식의 관계 속에서 인류세의 경관이 나타난다.

인천 송도갯벌은 패치 인류세의 이야기를 품고 있다. 인천의 갯벌은 인간의 경제적 목적을 위해 긴 시간에 걸친 대규모 매립을 통해 규격화된 토지와 기반시설로 변모해왔다. 이는 다양한 갯벌 생물들의 서식을 일절 고려하지 않고 경제성과 효율성만을 추구한 일종의 '모듈식 단순화'였다. 한편, 비인간 자연의 행위성은 인간의 통제와 계획을 벗어난다. 저어새들이 예기치 않게 도심의 인공섬에 찾아온 것은 '야생적 증식'의 시작이 되었다.

매립과 간척: 모듈식 단순화의 역사

송도갯벌에서 조금 시야를 넓혀서 인천의 갯벌을 보자(이 패치들은 서로 연결되어 있다). 송도갯벌은 강화·김포·영종·남동갯벌과 함께 인천의 갯벌을 이룬다. 조수간만의 차가 크고 경사가 완만해 갯벌이 광활하게 발달한 인천 연안은 예로부터 저서생물과 어류, 이동 물새와 지역 어민 등 인간과 비인간 존재들이 기대어 살아온 삶의 터전이었다. 20세기 초 인천의 갯벌은 왼쪽 그림과 같이 넓게 형성되어 있었다. 그러나 갯벌을 토지로 바꾸는 각종 간척 사업들(오른쪽 그림)을 거치면서 갯벌의 면적은 크게 줄어들었다.[5] 인천 갯벌의 모습이 급변하기 시작한 것은 지금으로부터 약 140년 전인 개항기이다. 그때부터 인천의 갯벌은 근대화, 산업화, 세계화라는 한국 근현대사에 있었던 격변의 흐름을 온몸으로 겪는다.

1910년대 인천 연안의 갯벌 분포(왼쪽)와 1945년 이후의 인천 연안 매립지 분포(오른쪽)

1883년, 인천 제물포가 개항하면서 약 4,000여 평의 갯벌이 메워졌다. 일본 조계지 확장이 그 목적이었다. 일제의 식민지배가 시작된 1910년부터는 갯벌 위에 주안염전과 남동염전이 세워졌다. 여기서 생산된 천일염은 수탈의 상징이었는데, 일제가 천일염을 식민통치의 재원이자 화학공업의 원료로 활용했기 때문이다. 광복 이후 한국전쟁으로 잠시 중단되었던 갯벌 매립은 1960년대에 재개됐다. 박정희 정권이 들어서고 경제성장을 강조하는 경제개발계획을 수립하면서 서해안의 굵직한 간척 사업들이 시작된 것이다.6) 김포갯벌, 남동갯벌, 송도갯벌의 모습은 몰라보게 달라지기 시작했다. 산업화에 발맞춰 서부산업단지와 주안수출산업단지와 같은 대단위 공업단지가 인천의 갯벌 위에 들어섰다. 1970-80년대 발전국가 절정기에는 정부 주도의 대규모 간척사업이 더욱 활발히 진행되었다. 식량 자립을 위한 농지 확보와 공업단지 조성을 위해서였다. 당대 인천의 갯벌 매립 역사상 최대 규모였던 김포갯벌의 동아매립지가 이때 생겨났다.

매립을 통해 사람들은 넓은 면적의 땅을 확보했으나, 갯벌의 생물들은 서식지를 빼앗겼다. 매년 김포갯벌에 찾아와 월동하던 인천의 시조市鳥 두루미도 1988년부터는 발길을 완전히 끊었다. 중화학공업화와 도시화로 바다와 갯벌의 오염이 갈수록 심해졌고, 그로 인해 소금 생산이 어려워졌다.

결국 1985년 남동염전은 문을 닫았다. 폐염전 자리에는 남동국가산업단지가 조성되었다.[7] 그러나 남동산단에서 폐수가 유출되어 어패류가 집단 폐사하는 사건이 벌어지는 등 인천 갯벌은 환경오염이 계속되어 다양한 생물들이 피해를 입었다.

갯벌을 국제도시로 바꿔낸 송도갯벌 매립과 송도국제도시 건설은 30년 전에 시작되었다. 송도신도시 건설 프로젝트는 인천 개항 이후 최대 규모의 도시개발사업으로 평가받는다. 송도신도시는 1994년 착수 당시에는 주거 중심의 신도시로 계획되었다. 그러나 1990년대 후반, 인천공항과 인천항과 가까운 '동북아 국제비즈니스 및 물류 중심지'로 재구상되었다. 2003년에는 국내 첫 경제자유구역[8]으로 지정되면서 매립 규모도 17.7km^2(535만 평)에서 53.5km^2(1,600만 평)으로 세 배 이상 커졌다. 한때 광활했던 송도갯벌은 사라지고, 그 자리에 대형 아파트 단지, 상업시설, 글로벌캠퍼스와 공원, 첨단산업단지와 국제업무지구가 들어서는 등 송도는 휘황찬란한 국제도시로 빠르게 발전했다.[9]

한때 풍부한 어종과 철새들의 낙원으로 유명했던 송도갯벌은 이제는 8공구와 11공구 옆으로 좁은 면적만 남아있다. 수십 년 간의 매립과 개발 끝에 송도갯벌에서 조업하던 4개의 어촌계 중 동막·고잔 어촌계는 해체되었다. 송도·척전 어촌계에 남은 한 줌의 어부들은 조개를 캐러 갯벌에 나가는 삶을 어렵사리 이어가고 있다.10) 좁다랗게 남은 송도갯벌에는 아직 100여 종의 저서생물이 서식하고 매년 120여 종 10만여 마리의 물새들과 숲새들이 계절별로 찾아온다. 그중에는 멸종위기 새들도 있다.

저어새의 도래: 야생적 증식의 시작

2009년 4월, 인천 송도신도시와 남동국가산업단지 사이, 승기천 하류와 송도갯벌이 만나는 곳에 위치한 남동유수지의 작은 인공섬에서 저어새의 둥지가 발견되었다. 뜻밖의 일이었다. 저어새는 멸종위기 1급이자 천연기념물로, 주로 서해안의 무인도에서 번식한다. 그런 저어새가 공업단지와 초고층 건물들 사이에 보금자리를 잡은 것이다. 남동유수지는 도시의 오염물질과 공장 처리수로 인한 수질오염으로 근처에만 가도 악취가 진동했고, 도로에 인접해 있어 주위 소음도 심했다. 사람들은 도심에 찾아온 저어새들을 반갑게 맞이하면서도 그들의 선택을 의아해했다.

저어새Black-faced spoonbill, *Platalea minor*는 한국의 서해안에 매년 3월에 찾아와 알을 낳고 새끼를 길러 10월에 대만, 일본, 홍콩, 중국 등의 월동지로 떠나가는 여름 철새다(사진 1). 20~30cm 정도의 얕은 물가에서 주걱 모양의 부리를 좌우로 휘휘 저으며 먹이를 찾는다고 해서 저어새라는 이름이 붙었다. 저어새는 황해를 중심으로 동아시아 일대에서 수만 년 동안 널리 번성했던 것으로 추정된다. 1900년대 초반만 해도 전 세계에 저어새가 10,000마리 정도 있었고, 우리나라에서도 1950년대 이전에는 그리 어렵지 않게 볼 수 있었다고 한다. 그런데 최근 50년 동안 개체수가 급격히 줄어들어 세계자연보전연맹IUCN의 적색목록에 멸종위기EN로 등록되었다. 저어새의 생존을 가장 크게 위협한 것은 인간의 활동이었다. 저어새들은 DDT 농약 중독, 환경오염, 잇따른 갯벌 매립과 서식지 파괴로 끊임없이 수난을 겪어왔다. 1988년 무렵에는 전 세계에 저어새가 300마리도 채 안 되게 남으며 말 그대로 멸종 직전에 이르기도 했다. 남동유수지에 저어새 둥지가 처음 발견된 2009년에는 전 세계 저어새 개체수가 약 2,000마리 정도였다.

[사진 1] 저어새(사진 이기섭)

그 귀한 저어새가 어쩌다 도심 속까지 찾아온 걸까? 당시 저어새 모니터링을 하던 인천습지위원회에 따르면, 한국에 찾아오는 저어새 대부분은 강화·김포 갯벌의 무인도에 둥지를 틀고 근처의 물을 댄 논과 갯벌에서 먹이활동을 해왔다. 1980년대부터 그 갯벌들이 점점 매립되고 농약을 친 논에서도 더 이상 먹잇감을 구할 수 없게 되자 새들은 멀리 송도갯벌까지 날아오기 시작했다.11) 그러다 송도갯벌 인근의 남동유수지를 발견했을 것이다. 남동유수지는 1985년 남동국가산업단지를 조성하면서 홍수 피해를 예방할 목적으로 만들어졌다. 유수지 안에는 조경을 목적으로 만들어진 작은 바위섬이 있다. 이 인공섬은 송도갯벌에 먹이를 구하러 온 새들이 잠시 쉬어가는 장소였지만, 2007년부터 재갈매기들이 인공섬에 둥지를 틀기 시작했고 2009년부터는 저어새들이 자리를 잡았다.

저어새는 왜 인공습지와 인공섬에 머물기를 선택했을까? 저어새가 서식하기 위해서는 번식지, 먹이활동지, 휴식지의 삼박자가 맞아야 한다. 남동유수지는 수질이 여전히 좋지 않고 각종 도시 소음이 심하지만, 새들에겐 먹이 활동에 적당한 수심과 갈대밭을 갖춘 곳이었다. 남동유수지의 인공 바위섬은 천적인 너구리와 인간의 접근으로부터 안전 거리가 확보되기 때문에 새끼를 낳아 기르기에도 제격이었다. 또한 불과 1km 거리에 있는 송도갯벌은 먹이활동지가, 송도

10·11공구 물막이 공사 과정에서 생긴 방파제 뒤 물웅덩이는 느긋하게 쉴 곳이 되어줬다.[12] 삶의 터전으로 삼을 곳이 거의 남아있지 않은 상황에서 저어새들은 송도갯벌과 도심 속 유수지라는 생태적 틈새niche를 발견한 것이다. 이때 인간이 만든 도시의 구조물은 저어새들의 서식지와 휴식지로 기능한다. 까치가 건물의 틈새에서 비를 피하고, 비둘기가 교각 아래에 둥지를 틀고, 황조롱이가 아파트 실외기 뒤에 둥지를 지어 새끼를 낳듯, 저어새도 도시를 찾는 다른 새들처럼 인공 구조물들을 인프라로 활용하며 도시에서 살아간다.[13]

저어새가 날아오자 송도갯벌의 경관에 새로운 패치들이 덧대지기 시작했다. 먼저 저어새에 관심을 갖고 적극적으로 보전하려는 인간들의 어셈블리지가 만들어졌다. 2009년 남동유수지 인공섬에서 저어새의 둥지가 처음 발견된 뒤, 시민들과 환경단체는 곧바로 저어새 시민모니터링을 시작했다. 인천지역 환경단체와 시민단체들이 저어새를 중심으로 모여 '저어새NGO네트워크'를 만들고, 이동 물새 시민모니터링과 인식증진활동을 진행하며 남동유수지와 송도갯벌의 생태적 중요성을 알리기 시작했다. 저어새네트워크와 시민들은 남동유수지 인공섬에 '저어새섬'이라는 이름을 붙이고, 저어새들이 돌아올 곳을 미리 잘 가꾸고, 이들이 월동지로 떠나기 전까지 남동유수지에서 무탈히 지내는지 꾸준히 살펴왔다.

멸종위기종이자 천연기념물인 저어새의 도래는 송도국제도시의 매립 계획에도 영향을 미쳤다. 저어새 둥지가 발견되자, 인천의 환경단체 활동가들은 저어새 보호 대책 수립과 매립 계획 전면 재검토를 요구하며 저어새의 서식지인 송도갯벌의 추가 매립을 막고자 했다. 결국 인천시는 2009년 12월, 매립 예정지였던 일부 갯벌을 습지보호지역으로 지정했고, 2014년 7월에는 송도 6·8공구 옆과 11공구 옆의 갯벌 습지보호구역 6.11km2가 람사르 습지로 지정되었다. 모조리 매립될 뻔했던 한 켠의 갯벌들이 물새들을 위한 공간으로 남겨진 것이다.

남동유수지의 풍경도 달라졌다. 저어새에 대한 사람들의 관심이 커지자, 인천시는 2018년 남동유수지에 큰 인공섬을 추가로 조성했다. 저어새와 다양한 철새들이 번식지로 활용하게 하기 위해서다. 2021년에는 인천 남동유수지와 저어새섬 근처에 탐조대와 저어새 생태학습관을 지어 비영리 시민단체 '저어새와 친구들'에 운영을 맡겼다. 인천에 사는 어린이와 학생들은 저어새 생태학습관에 찾아와 저어새와 이동 물새 생태교육을 듣고, 탐조대에서 남동유수지에 오는 다양한 물새들을 관찰한다. 저어새 외에도 여름에는 백로, 논병아리, 도요새, 쇠물닭, 겨울에는 검은머리갈매기, 오리와 기러기 같은 다양한 새들이 남동유수지를 찾는다. 저어새에 대한 관심은 점차 남동유수지의 다른 물새들에게로 확장되어갔다.

저어새는 2024년 현재 6,988마리(2024년 저어새 국제동시센서스 결과)로 늘어났다. 멸종위기 1급 조류 중에서 회복 추세를 보이는 극소수의 종 중 하나가 된 것이다.[14] 사람들의 보전 노력과 관심, 인공습지에 서식할 수 있는 저어새의 뛰어난 적응 능력의 만남은 여섯 번째 대멸종의 시대에 보기 드문 다종의 역사를 만들고 있다. 송도갯벌의 저어새 이야기는 인간과 비인간의 어셈블리지가 "방향, 과정, 참여자가 고정되지 않은 열린 모임"[15]이라는 칭의 말을 효과적으로 보여주는 사례가 될 것이다.

"아기 저어새야, 생일 축하해!"

봄바람이 이태리포플러 나뭇잎을 부드럽게 흔들던 지난 5월의 토요일, 올해 3월 저어새섬에서 태어난 아기 저어새 600여 마리의 합동 생일잔치가 저어새 생태학습관 앞뜰에서 열렸다. 생일잔치에 온 어린이들은 친구들과 보호자와 모여앉아 저어새 그림을 그리거나 앞뜰 곳곳을 기웃거렸다. "저어저어 저어새야" 노래와 우쿨렐레 연주에 맞춰 저어새 인형 탈을 쓴 사람이 등장하자, 그 주위로 아이들이 우르르 모여들었다. 참가자들은 탐조 스코프로 저어새섬의 아기 저어새도 보고, 생일잔치 현수막을 색색으로 칠했다. 생일꽃 화환과 저어새 팔찌를 만들거나 산책로를 따라 저어새 그림책을 읽기도 했다.

즐겁고 화기애애한 분위기 속에서 사람들은 저어새의 탄생을 축하하고 아기 저어새들이 무럭무럭 자라기를 빌었다.

저어새 생태학습관 앞뜰에서 열린 저어새 생일잔치(사진 임채연)

저어새NGO네트워크는 남동유수지에 저어새가 찾아오는 3월에는 환영잔치를, 5월에는 아기 저어새의 생일잔치를, 저어새들이 월동지로 떠나가는 10월에는 환송잔치를 매년 열고 있다. 잔치에 참여하는 아이들과 어른들은 도심 속 저어새섬으로 찾아온 저어새를 환영하고, 아기 저어새의 탄생을 축하하고, 저어새들이 내년에도 무사히 돌아오기를 기원한다. 올해 태어난 아기 저어새들은 남동유수지와 송도갯벌에서 여름을 나고, 어느덧 훌쩍 자라 어른 저어새들을 따라 대만과 중국의 월동지로 떠나갔다.

저어새를 아끼는 사람들과 저어새가 함께 짜는 이 어셈블리지는 송도갯벌에 새로운 패치를 만들어 낸다.

오랫동안 송도갯벌은 매립과 개발로 경제성을 높여야 하는 쓸모없는 땅이었다. 저어새와 갯벌 생물들은 송도갯벌의 경관에 마치 존재하지 않는 듯 비가시화되었다. 그러나 새로운 패치에서 저어새는 인간과 더불어 사는 비인간 이웃이다. 송도갯벌과 남동유수지는 인간뿐 아니라 저어새와 이동 물새, 갯벌의 비인간 생물들의 삶터다.16) 산업단지의 홍수 예방 시설에 불과했던 남동유수지는 세계 유일의 도심지역 저어새 번식지가 되고, 황무지로 여겨져 도시개발의 대상지가 됐던 송도갯벌은 국제적으로 중요한 습지라는 새로운 의미를 획득했다. 이 패치는 매립과 도시개발, 공업단지와 국제도시, 갯벌 생태계 교란이라는 다른 패치들과 함께 존재한다. 이러한 패치들이 한데 모여, 송도갯벌의 인류세 경관을 입체적으로 만들어낸다.

인간 활동이 초래한 사회생태적 위기와 지구 환경의 손상을 일컫는 인류세는 종종 종말론적인 전망과 함께 이야기된다. 그러나 그러한 변화는 지구 전역에 동일한 규모나 방식으로 나타나지 않는다. 인류세를 패치적인 것으로 이해하고 특정한 경관에 깃든 다종의 역사에 주목할 때, 우리는 특정한 패치에서 상황적인 희망을 발견할 수 있다. 칭과 동료들은 미래를 알 수 없고 잠재적으로 파괴적인 상황에서 갖는 '급진적 희망radical hope'을 이야기한다(Tsing et al., 2019).이는 물려받은 트러블과 실패 가능성을 직시하면서도 미래의 가능성을 상상하는 것을 뜻한다. 이들이 말하는 급진적 희망은 크고 보편적인 근대의 희망과 다르게 겸손하고 상황적이다.

송도갯벌에서 우리는 어떻게 급진적 희망을 만들어갈 수 있을까? 나는 '저어새와 친구들'이라는 이름을 통해 상상해보고 싶다. '저어새와 친구들'은 인천시 저어새 생태학습관을 위탁운영하는 시민단체의 이름이다. 저어새와 함께 살아가는 습지의 생물들과 이들을 지키기 위해 활동하는 모두가 저어새의 친구들이라는 뜻을 담고 있다.[17] 우리는 저어새와 이동 물새, 갯벌 생물들의 친구가 될 수 있을까? 어떻게 해야 더 좋은 친구가 될 수 있을까? 보다 많은 사람들이 이 우정을 발견하고 동참하는 것이, 송도갯벌의 패치 인류세에서 작고 희미하지만 힘 있는 희망을 만들어가는 하나의 방법일지도 모른다. EPI

1 갯벌살림행동은 2023년 10월 14일 인천녹색연합이 주최한 행사로, 해양환경단체들과 지역봉사단체, 연구재단, 기업의 단체 봉사자들과 개인 자원봉사자들을 포함해 총 130여 명이 참가했다. 인천녹색연합의 인천 송도갯벌살림 행동에 대한 자세한 내용은 https://greenincheon.org/?p=193303 참조.

2 Tsing, A. L., Mathews, A. S., & Bubandt, N. (2019). "Patchy Anthropocene: Landscape structure, multispecies history, and the retooling of anthropology: an introduction to supplement 20". *Current Anthropology*, 60(S20), S186-S197.

3 어셈블리지(assemblage)란 인간과 비인간 행위자들의 관계망을 뜻한다.

4 Tsing, A. (2017). "The Buck, the Bull, and the Dream of the Stag: Some unexpected weeds of the Anthropocene". *Suomen Antropologi: Journal of the Finnish Anthropological Society*, 42(1), 3–21.

5 김수연. (2006). "인천연안 갯벌 간척에 따른 해안 환경 변화". 한국교원대학교 지리교육전공 석사학위논문.

6 Choi, Y. (2023). "The colonizers, the developmental state, and uneven geography of development: Reclamation of South Korea's tidal flats, 1900s-1980s". *Journal of Historical Geography*, 82, 23-37.

7 이는 수도권에 산재해있는 공해(公害) 공장을 한데 모으고 수도권으로 인구를 분산하기 위한 목적으로, 용도지역 위반 공장들을 인천 남동구의 폐염전지대로 이전하여 남동국가산업단지를 조성하였다.

8 경제자유구역(Free Economic Zone)은 규제 완화를 통해 기업의 자율성을 보장하여 외국 투자를 유인하려는 경제특구이다. 관련 논의는 임조순. (2018). "인천경제자유구역 개발에 관한 정치경제학적 고찰". 참고.

9 송도신도시의 마지막 매립구역인 10·11공구는 현재 공사 중에 있으며, 지금도 송도신도시 곳곳에는 새로운 건물들이 계속해서 올라가고 있다.

10 인천시는 갯벌 매립으로 직접적 피해를 받게 되는, 송도갯벌에 생계를 의존해 살아가던 어민들에게 간척된 땅의 일부를 전업대책용지로 공급했으나 1997년 IMF 외환위기 시기와 겹쳐 절반 이상의 어민들이 경제적 어려움으로 소유권을 부동산 업자에게 팔았다고 한다.

11 김민재. (2010.9.1). "인천 남동유수지 저어새섬 이야기". 경인일보. http://www.kyeongin.com/main/view.php?key=538694

12 인천 저어새 생태학습관장 권인기 박사님과의 대화. (2024.05.18).

13 Wolch, J. (2002). "Anima urbis". *Progress in Human Geography*, 26(6), 721-742.

14 EAAFP. 2020.10.21. "Collaboration on tracking Endangered Black-faced Spoonbill". EAAFP 웹사이트. https://eaaflyway.net/tracking-black-faced-spoonbill/

15 칭, 애나. (2023). 『세계 끝의 버섯』. 노고운 옮김. 현실문화.

16 저어새뿐만 아니라 송도갯벌과 남동유수지의 다른 생물들도 다종적 어셈블리지를 함께 구성한다. 갯벌 생태계의 깃대종인 저어새를 지키는 일은 저어새와 서식공간을 공유하는 생물들을 지키는 일이기도 하다.

17 인천광역시 저어새 생태학습관 홈페이지. https://bfs-ecocenter.kr/sub/sub_0106.php

얽힘에서 이음으로

인류세
ANTHROPOCENE

박범순

과학의 여러 분야 사이에서 새로운 지식과 기술이 등장하고 사회에서 수용되는 과정을 연구하는 과학사학자이며, 과학기술학의 방법론을 사용해 정책적 이슈를 다루고 있다. 최근에는 합성생물학, 인공지능, 인류세 등의 개념이 던진 인류 생존과 미래 문명에 대한 문제를 연구하고 있다. 현재 카이스트 과학기술정책대학원 교수이자 인류세연구센터의 센터장으로 일하고 있다.

1. 태안

2007년 가을부터 교편을 잡은 카이스트는 무척이나 낯설었다. 외국 생활을 오래 한 탓일까? 그전에는 줄곧 서울에 살았기 때문일까? 대전 캠퍼스의 꽃과 나무와 건물과 지형에 익숙해지는 데 시간이 꽤 걸렸고, 학생들의 모습이 모두 비슷비슷하게 보이는 일종의 착란 현상도 오래 겪었다. 하지만 낯선 만큼 모든 게 새로웠다.

그해 12월 초 서해안 태안반도 부근에서 1만 톤이 넘는 기름이 유출된 사건이 발생했다. 인천대교 공사를 마친 삼성중공업 소속 대형 해상크레인 부선이 예인선 두 척에 이끌려 거제도로 이동하던 중 풍랑을 맞아 예인선의 선이 끊겨 표류하다가 정박 중이던 홍콩의 유조선인 허베이 스피리트호에 충돌해서 생긴 일이었다. 나중에 알게 된 사실이지만, 기상 상황을 무시하고 무리한 운송을 하다 사고의 원인을 제공한 삼성 측과 적절한 대응을 하지 못한 허베이 스피리트호 측 모두 책임이 있는 쌍방 과실로 법원 판결은 나왔다. 그럼에도 이 사건은 공식적으로 '허베이 스피리트호 원유유출사고'로 불렸고 더 일반적으로 '태안 기름유출 사고'로 알려지게 되었다. 지역이 대기업을 대신해 오명을 뒤집어쓴 것이다. 지역 주민들에게는 졸지에 삶의 터전이 새까만 기름으로 뒤덮인 사건이었다.

이어 놀라운 일이 일어났다. 태안 피해지역 복구를 위해 전국적으로 봉사단이 결성되어 기름을 걷어내고 닦아내는 일이 시작되어 수년간 계속되었다. 총 백만 명이 넘는 사람이 참여했다. 카이스트에서도 봉사단 모집이 여러 번 있었는데 이런저런 이유로 참여하지 못한 것이 못내 아쉽고 후회스러웠다.

2. 세월호

2014년 4월에 발생한 세월호 참사는 양상이 크게 달랐다. 어처구니없는 일이 벌어지는 장면을 생중계로 봐야 했던 국민은 다시 답답하게 진행되는 실종자 수색을 그저 지켜보기만 했다. 언론은 몇 달간 세월호 실소유주로 알려진 자를 추적하는 중계로 도배를 했고, 정부는 실의에 빠진 유가족과 충격을 받은 시민의 마음을 헤아리는 데 실패했다.

이런 상황 속에서 카이스트의 한 교수가 전체 교수에게 다음과 같은 이메일을 보냈다.

> 이번 세월호 사태를 접하면서 모두 비통한 심정과 함께 국책기관의 하나인 KAIST의 일원으로서 우리가 이 사건에 무관하다고 말할 수 없다고 느끼실지 모르겠습니다. 여러 가지 훌륭한 첨단 기술들을 많이 개발해 온 KAIST로서 교수님들도

> 이번 사태에 대해서 말할 수 없는 자괴감과 무력감을 느끼실 것으로 생각합니다. 벌써 외국의 교수들로부터 이번 사태에 대해서 유감과 위로의 뜻과 함께 이해할 수 없다는 comments들을 받으신 분들이 많을 줄 압니다. 사실 이번 세월호 사건뿐 아니라 앞으로가 더 큰 문제입니다. (2014. 4. 28).

메시지를 보낸 분은 카이스트 1호 박사로 알려진 기계과 양동열 교수로, 교내에 '국가재난대응시스템연구소' 설치를 제안했다. 재난을 국가적 차원의 문제로 보고 체계적 연구를 통해 재난방지 시스템을 만들자는 것이었다. 여기에는 공학적인 접근뿐만 아니라 재난에 대한 인문학 및 사회과학적 연구, 그리고 교육과 정책 개발도 필수라는 인식이 있었다. 수십 명의 교수들이 호응해 몇 차례의 준비 모임을 거쳐 그해 가을 카이스트 재난학연구소KIDS: KAIST Institute for Disaster Studies가 정식 출범했다. 나도 그 일원으로 참여했다.

참여 교수들의 열의와 학교의 적극적인 후원 속에 연구소가 출범했지만 재난학 연구를 수행하는 것이 쉽지 않았다. 여러 학문 분야 사이의 연구 방법 차이가 분명히 있었고, 이들을 연결해 줄 소통의 언어는 부족했다. 재난의 종류는 수없이 많았고 지역적 차이도 있었을 뿐만 아니라 재난을 이해하는 방식부터 이에 대응하는 시스템 개발까지 다양한 접근법이 존재했다. 더욱이 이런 종류의 융합연구를 수행하는 것에 대한 시선은 그다지 호의적이지 않았다. 번번이 대형 과제 획득에 실패하고 참여 교수들도 저마다 사정에 따라 하나둘 떠나면서 초기의 응집력은 크게 줄어들었다.

3. 뮌헨과 보스턴

세월호 참사 조사 과정에 처음부터 큰 관심이 있던 전치형 교수는 2016년 가을 안식년을 뮌헨에서 보냈다. 그곳에 있는 독일박물관Deutsches Museum과 레이철카슨센터Rachel Carson Center의 방문연구원으로 지내던 그는 독일박물관에서 열린 〈인류세에 오신 것을 환영합니다Welcome to the Anthropocene〉 전시를 보고 큰 인상을 받았다고 한다. 환경 이슈를 단순히 공해나 오염의 피해 문제로 보지 않고 지구 시스템의 차원에서 기술인프라와 사회시스템의 변화와 관계하는 복합적인 재난 현상으로 이해하는 방식이 새로웠던 것이다.

한편 나는 2017년을 하버드대학에서 보냈다. 그동안 미루어 두었던 연구 프로젝트들을 마무리하고 새로운 연구를 모색할 생각을 가지고 안식년을 시작했는데, 미국 대통령 선거에서 트럼프 후보가 당선된 결과에 대한 학자들의 충격과 절망, 성찰과 혼동을 많이 보았다. 또한 인공지능

발전을 통해 급변하는 인간과 기계의 관계와 제도적 장치에 대한 논란도 많았다. 지식인 사회의 위기 속에 학문 추구와 현실 참여의 간극을 줄이려는 움직임이 일어나는 것도 볼 수 있었다. '탈진실post-truth'의 시대를 어떻게 살아갈 것인가 고민하는 것을 넘어서, 구체적으로 어떤 연구를 하고 사회 참여를 어떻게 할 것인가라는 방향을 모색하는 모습이 포착할 수 있었다.

이런 시점에 전치형 교수로부터 연락을 받았다. 연구재단의 융합연구센터 지원사업 공고가 났는데, 인류세를 주제로 한번 지원해 보자는 제안이었다. 이에 내가 과제책임자가 되어 제안서 작성에 들어갔다. 재난학연구소의 일원 중 몇 분의 참여를 포함해 이공계열과 인문사회계열 교수 각 일곱 명씩 총 열네 명의 연구진을 구성했다. 인간의 활동으로 인해 크게 바뀐 행성의 모습을 대기, 육상, 해양에서 감지하고, 이렇게 바뀐 지구에서 함께 살아가는 방법을 모색하며, 이를 극복하기 위한 미래를 상상하는 것을 목표로 삼았다. 2018년 초 한국에 돌아와 심사위원 앞에서 과제 발표를 했다. 이후 선정되었다는 소식을 받고는 기적과 같은 일이라는 생각이 들었다.

4. 런던과 베를린

인류세를 연구한 경험이 거의 없던 다양한 배경의 사람들이 함께 연구하기는 쉽지 않은 일이었다. 처음부터 이 어려움을 잘 알고 있었다. 무엇보다도 먼저 인류세를 대학원 세미나 수업으로 가르칠 커리큘럼을 짜고 이를 위해 기존의 문헌을 체계적으로 정리하는 일이 필요했다. 이 일에 김용진 연구원의 도움이 컸다. 문화인류학 전공자인 김용진 연구원은 센터의 연구지원을 도와주면서 방향을 잡아가는 데 중요한 역할을 했다. 이를 통해 인류세 논쟁의 핵심을 찾아낼 수 있었고, 주요 연구자와 센터의 활동을 파악할 수 있었다.

그렇게 발굴한 분이 최명애 교수였다. 인문지리학자인 최명애 교수는 런던정경대학에서 환경 관련 강의를 하고 계셨는데, 만나볼 기회가 생겼다. 2018년 11월 에든버러에서 대학과 사회의 연결을 모색하는 〈인게이지 콘퍼런스engage conference〉가 열렸는데, 거기에 참석한 후 런던에 들러 최 교수를 만나 인류세연구센터에 오실 것을 적극 권유했다. 이후 함께 준비해서 연구재단의 글로벌펠로우 사업을 통해 2019년 가을부터 연구교수로 합류하여, DMZ의 인간, 자연, 기술에 관한 새롭고 다면적인 이해를 발전시키는 연구를 시작했다. 냉전과 대결의 정치를 통해 만들어진 DMZ를 '인류세의 자연'으로 새롭게 개념화하고 DMZ를 대안적으로 이용할 방안을 모색하는 작업이었다.

당시 인류세 연구의 중요한 센터는 베를린에 있는 '세계문화의집Haus der Kulturen der Welt'이었다. 예술가, 과학자, 인문학자, 사회과학자, 문인들이 모여 문화의 다양한 측면을 논의하는 공간을 제공하고 있었는데, 2012년부터 '인류세 커리큘럼Anthropocene Curriculum'이라는 10년짜리 프로젝트를 진행하면서 인류세 개념이 과학의 경계를 넘어 여러 분야로 퍼져 나가고 다시 이것이 과학의 연구에 영향을 주는 매개의 역할을 하고 있었다. 2018년 12월 인류세연구센터 개소식에 이 프로젝트의 핵심연구원 두 분을 초청해 주제 발표를 부탁할 수 있었던 것은 행운이었다. 이후 우리 센터는 인류세 연구의 중심부에 더욱 가까이 갈 수 있었다.

5. 팬데믹

2018년 인류세연구센터의 개소식에 또 다른 주제 강연자로 미국의 기술사학자이자 재난학 연구자인 스캇 놀스 교수를 초청했다. 이것은 우연이 아니었다. 놀스 교수는 세월호에 관심을 두고 2015년에 이미 한국을 방문해 전치형 교수와 협업을 시작했고, 2017년에는 카이스트 과학기술정책대학원의 초빙교수로 여름에 두 달간 머무르며 교류를 해왔다. 나와는 같은 대학원을 나온 오랜 친구이기도 했다. 2019년 가을에는 '인류세 커리큘럼'의 한 활동으로 미국 뉴올리언스에서 현장학습을 함께 조직하여 운영하기도 했다. 이때 놀스 교수가 카이스트에서 새로운 시작을 할 의향을 비쳤다. 미국 대학의 역사학과 종신교수이자 학과장으로선 큰 결심이 아닐 수 없었다.

인터뷰를 위해 2020년 초 대전으로 온 놀스 교수의 임용 과정은 모두 무사히 진행되었지만 팬데믹이 본격적으로 시작되면서 이후 절차의 진행이 모두 늦어져 2021년 봄학기를 맞이해서야 본격적으로 합류할 수 있게 되었다. 그동안 그는 Covid-Calls 프로그램을 진행해 팬데믹 중에 다양한 목소리를 모으는 프로젝트를 진행했고, 카이스트에 와서도 계속 진행했다. 팬데믹은 인류세의 가장 두드러진 현상으로 볼 수 있기에 그의 작업은 더욱 중요했다.

6. 얽힘에서 이음으로

태안부터 팬데믹까지 많은 일이 우연의 연속이었다. 기대하지 않은 얽힘이었다. 어떤 것에는 내가 적극적으로 대응한 것도 있었지만 그렇지 않은 것도 꽤 있었다. 인류세연구센터의 설립으로 내 연구 궤적이 이렇게 바뀔 줄은 예상하지 못했다. 세상을 보는 눈이 바뀌고 인간과 지구 행성에 대해 다르게 생각할 것이라고는 상상하지 못했다.

앞으로는 얽힘을 넘어 이음을 위해 노력해 보고자 한다.

사람과 사람, 인간과 비인간, 그리고 인간과 행성을 이어주는 연구와 실천을 더 열심히 해 볼 생각이다. 이 기회를 빌려 그동안 에피의 인류세 코너를 사랑해 주신 독자께 진심으로 감사드린다. EPI

INDEX
EPI 1–30

숨 – 키워드

1호 가짜: 가짜는 거짓인가?
2호 모델생물
3호 지진
4호 프랑켄슈타인
5호 발암/항암
6호 필드 사이언스
7호 미세먼지
8호 과학자와 패션
9호 젠더 스펙트럼
10호 포스트–프라이버시
11호 로봇, 백 년 동안의 꿈
12호 코로나19 그 이후
13호 식량의 과학
14호 뉴로–댄스
15호 과학 커뮤니케이션
16호 장애와 테크놀로지
17호 식물의 과학
18호 후유증
19호 가까운 우주 먼 우주
20호 뼈에게 묻다
21호 과학, 지구를 품다
22호 물, Everything Everywhere
23호 전지적 곤충 시점
24호 인공지능과 소설가의 일
25호 새들의 도시
26호 한국 과학, 어디에 있나
27호 다시 봄, 바람
28호 고양이
29호 인간의 확장
30호 과학 속의 꿍꿍이셈

감종훈 물의 순환과 인간 활동 22호
강미량 인간의 확장, 혹은 보철의 반격 29호
강연실 시민은 스스로 무엇을 측정하고, 무엇을 배우나 7호
강창구 곤충 세계의 속임수 대가들 23호
강호정 'Wet, Wet, Wet': 습지로 가는 생태학자 6호
— 숲, 탄소, 그리고 그 너머 17호
— 지구의 변화를 치료하려는 지오엔지니어링 기술 21호
그랜트 피셔
이 도시엔 언제나 새들이 있다 25호
김규성 가혹한 우주 환경에서 인간 생존을 연구하는 우주의학 19호
김범성 '아기돼지 삼형제'와 일본의 지진: 지진에 대한 면역, 예방, 기억 3호
김범준 산불과 지진이 닮은 점 3호
고양이 액체설에 대한 물리학적 고찰 28호
김상우 지구의 숨결, 바람이 분다 27호
김상욱 생명의 물, 피 땀 눈물 22호
김상희 나의 삶과 함께했던 보조기기를 돌아보다 16호
김성근 물의 화학적 성질 22호
김성수 뼈와 해부학, 그 속에 담긴 동아시아 의학의 역사 20호
김성은 미세먼지 예보의 현실: 장임석 국립환경과학원 대기질통합예보 센터장 인터뷰 7호
김소영, 전치형
회색지대를 위한 과학: 정치학자가 보는 후쿠시마 오염수 논란 26호

길 – 이슈

갓 – 뉴스

강양구 변이 바이러스가 무서운 사람들 17호

강호제 휴전선 앞에서 멈춘 과학적 지성 18호

김초엽 삶 속에 과학이, 과학 속에는 삶이 13호

송민령 편집위원의 시선 12호

신방실 올해도 기후는 '폭주'하겠습니다 23호

— '산불'이라고 쓰고 '기후재난'이라고 읽는다 24호

— 폭염(Beyond extreme), '극한'을 넘어 '일상'이 되다 25호

— '진화인류학자'에게 '기후 위기'를 묻다 26호

— "온난화는 사기?" … 대선 앞둔 미국 '기후 회의론' 꿈틀 27호

— 해마다 반복되는 벚꽃 잔혹사, "벚꽃은 죄가 없다" 28호

— '살인 더위' 찾아오는 여름을 기억해야 하는 이유 29호

— 올겨울 기온을 '콕' 찍을 수 없는 이유 30호

오철우 코로나19 충격: 무엇을 보았나, 무엇을 이야기했나 12호

— 코로나 백신의 약진, 그리고 백신 이후의 세상 13호

— 독감백신 위험 보도는 왜 서툴렀는가 14호

— 과학이 다양성과 포용성에 주목하는 이유 15호

— 후쿠시마 원전 오염수 논란 약속하는 안전보다 투명한 안전이 필요하다 16호

— 기후위기 시대 숲의 가치는 17호

— 늘어난 사전출판 과학논문, 유익함과 오남용 사이에서 19호

— 플라스틱 지구 오염: 코로나19로 미뤄진, 미룰 수 없는 숙제 20호

— 에너지 전환 시대, 리튬이온 이후 차세대 배터리는? 21호

— 인간 예술가와 예술 인공지능, 대결 아닌 공존의 길은? 22호

— 시, 논문 쓰는 챗봇: 놀라움과 두려움 이후 우리는 무얼 할까 23호

— 태양광 지구공학, 무대 밖 논란에서 무대 위 논란으로 24호

— 후쿠시마 오염수 논란, IAEA 안전평가 이후에도 계속된다 25호

— 빨간 등 더 많이 켜진 지구위험한계선 26호

— 유럽 인공지능법 밑그림, 위험 규제 모범 될까 27호

— 인류세 기각 이후의 인류세 28호

— 생성형 인공지능의 앞길에 숨은 '모델 붕괴'의 위험? 29호

— 인공지능이 완전 르네상스를 이끌까 30호

윤신영 그린란드 빙상과 빙하 유실, 심상찮다 17호

— 기후변화, 선언은 선명하나 대응은 답보 상태 18호

터 – 컬처

SF

리뷰

인류세

057
2024.11 / 12

읽고 쓰는 우리가
자유롭게 즐길 수 있는
격월간 문학잡지

Axt

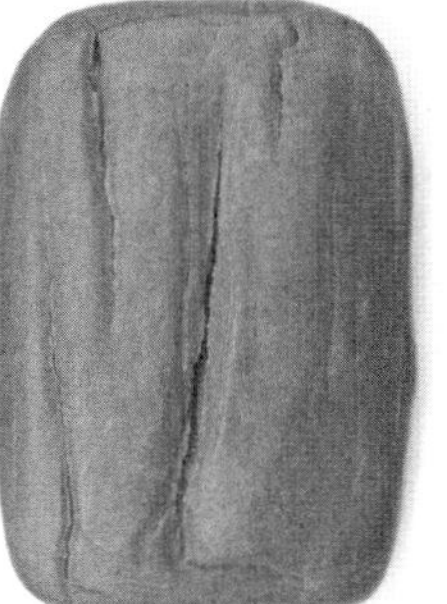

G.O.A.T [고트하다]

"문학을 사이에 두고 그걸 알아보는 사람들이 마주 볼 수 있다거나 둥그렇게 둘러설 수 있는 일, 우리말인데 끼리끼리 우리끼리 암호 같은 이야기를 공유할 수 있다는 사실만으로도, 그때의 절로 고개 끄덕거림 같은 것만으로도, 그러니까 그 '공감'이라는 '동심'이 고트 아니려나 싶고요."

— 김민정 시인

은행나무

꿈의 연극
PEACE MUSIC FESTIVAL (THROUGH OVERWHELMING STRENGTH)
두산아트센터 Space111
2024.11.26.(화) - 2024.12.14.(토) / 평일 8시, 주말 3시
김홍국 | 나경민 | 박여름 | 성수연 | 우범진
기획·제작: 두산아트센터, 크리에이티브 VaQi
작: 이홍도 | 연출: 정은순
연출부: 조다은

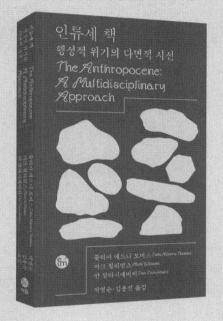

에피 정기구독안내

관점이 있는 과학잡지 『에피』와
함께하실 독자 여러분을 기다립니다.

과학잡지 『에피』는 계간지입니다.
매년 3월, 6월, 9월, 12월 네 차례
발간됩니다.

정기구독료

1년 50,000원(정가 60,000원)

정기구독 접수처

네이버 스마트스토어

smartstore.naver.com/eumbooks

문의처

전화　02-3141-6126

이메일　epi@eumbooks.com

에피 통권 30호(2024년 겨울)

발행일 2024년 12월 10일
발행인 주일우
편집주간 전치형
편집장 강지웅
디자인 cement
인쇄 삼성인쇄

발행처 이음
등록일 2017년 9월 11일
등록번호 마포, 바00157
주소 서울시 마포구 토정로 222 한국출판콘텐츠센터 210호
전화 02-3141-6126
팩스 02-6455-4207

전자우편 epi@eumbooks.com
홈페이지 www.eumbooks.com
페이스북 @epi.science
인스타그램 @epi_magazine

ISSN 2586-2006
값 15,000원